나 홀로 예배

하나님 앞에 홀로 서다

나 홀로
예배

송준기

혼자가 되었는가?

초짜 전도사의 스펙터클 한 달

주일 아침, 나는 혼자였다. 신학교 기숙사 건물에는 아무도 없었다. 주일에는 모두 교회와 사역 현장에 나가 있어서 그날 기숙사에는 전기마저 들어오지 않았다. 학교는 산속에 있었고, 가장 가까운 식당과 가게는 3.7킬로미터나 떨어져 있었다.

그날 아침, 나는 배가 고팠고 아직 씻지 않아 부스스했다. 나는 지난 한 달간 있었던 일들을 곰곰이 되짚어봤다.

한 달 전, 담임목사님이 미국으로 집회 인도 차 떠나셨다. 공항까지 모셔다드렸는데, 내 손을 꼭 잡으며 이렇게 말씀하셨다.

"송 전도사님, 제가 없는 동안 담임목사처럼 일해주세요.

인간의 모든 불행은 그들이 방 안에 조용히
머물러 있지 못하는 데 있다 _ 파스칼

교회를 잘 부탁합니다."

당시 나는 신학교에 막 입학한 젊은 전도사였다.

"네, 목사님. 교회는 염려마시고 무사히 다녀오세요!"

이후 나는 매일 기숙사와 교회를 오갔다. 새벽기도와 정기
모임들을 인도하고, 전교인 80명의 주소록을 들고서 하루에
한 가정씩 심방을 다녔다. 학업과 병행해야 해서 힘들었지
만, 담임목사님의 부탁도 있었고 내 사명이라는 생각도 있어
열심히 다녔다. 한 달만 고생하면 될 일이라는 마음도 있었
다. 먹고 잘 시간도 부족할 정도로 힘껏 일했다.

문제는 거기서부터 시작되었다. 그날도 심방 중이었다.
한 중학생 아이가 울었다. 자신의 아버지가 위암 판정을 받
았다고 했다. 나는 아이의 아버지에게 연락을 드려 만났고,
대화를 나눈 후 함께 기도했다. 그리고 얼마 뒤, 기적이 일어

났다. 그 분의 암이 치료되었다!

담임목사님이 출타 중인 교회에 영험한(?) 전도사가 홀로 교회를 지키고 있다는 소문이 교회 안팎에 돌았다. 불과 한 주 만에 기도 받으러 오는 환우들이 생기기 시작했다. 나는 마다않고 일일이 기도해주었다. 과한 일정에 힘이 부쳤다. 일 년 같은 한 달이었다.

이윽고 담임목사님이 복귀하는 시간이 되었다. 석양이 구름을 촘촘히 물들이던 토요일 저녁, 인천공항은 소란했다. 성도들 몇 분과 함께 마중을 나가 서로 부둥켜안고 안부를 나누었다. 우리는 함께 교회로 복귀해 식사를 했다. 환영파티였다.

파티 후에 목사님을 사택까지 모셔다드렸다. 목사님은 차에서 내리시며 내게 이렇게 말씀하셨다.

"송 전도사님, 내일부터 교회 나오지 마세요."

나는 내 귀를 의심했다. 그동안 고생했으니 쉬라는 말씀이신가 싶었다. 집으로 걸어 들어가시는 목사님 등 뒤로 초보 전도사가 되물었다.

"네? 내일은 주일인데요?"

"그게 아니고, 내일부터 교회 그만 나오시라구요."

"네?"

"더 이상 저희 교회에서 일할 필요 없으십니다. 저 지금은 바쁘니까, 일단, 안녕히 가세요."

"……."

질문을 품고 골방으로

토요일 밤, 기숙사로 가는 길은 멀었다. 아무리 생각해봐도 왜 갑자기 그만두라는 것인지 알 길이 없었다. 내 방에 도착하자마자 곯아떨어졌다. 그리고 새벽에 눈떴다. 동트기 직전이었는데, 나는 혼자였다.

학교와 기숙사는 산속에 있었다. 밥 먹으러 하산할 엄두가 나지 않았다. 책상 서랍을 열어보니 컵라면이 보였다. 기숙사 로비로 내려가 정수기에서 온수를 부어왔다. 라면이 익기를 기다리며 되짚어봤다.

'이게 무슨 일일까? 무슨 잘못을 했기에 설명도 없이 갑자기 떠나라 하셨을까?'

답이 없는 질문에 허공을 응시하며 컵라면 뚜껑을 열었다.

'아차! 기숙사 건물은 주일에 아무도 없어서 전기가 들어오지 않았지….'

갑자기 눈물이 흘렀다. 이윽고 오열했는데, 이유를 알 길은 없었다.

교회에서 해고된 사실은 학교와 가족에게 비밀로 했다. 사실, 할 말이 없었다. 누구에게, 무엇을, 어떻게 말해야 할지 몰랐다. 그저 홀로 멍하게 지낼 수밖에 없었다. 학교 스케줄은 빈틈이 없었지만 하나의 질문이 시간을 느리게 했다.

'목사가 되는 길이 진짜 내 길일까?'

이 질문에 사로잡혀 보낸 3개월은 3년 같았다.

생각할수록 앞뒤가 맞지 않았다.

'내가 목사의 소명을 받은 것이 확실하다면, 어떻게 교회에서 쫓겨날 수 있단 말인가? 그것도 내가 알 수 없는 이유 때문에?'

답 없는 질문이라 물어볼 곳도 없었다. 결국 홀로 하나님을 찾기 시작했다. 아무도 만나지 않았다. 학교 스케줄 외엔 온종일 기도실 골방에 가서 멍하니 앉아 있다 나왔다.

겉보기에는 우울증 환자 같았다. 그러나 속은 달랐다. 종일 기도하는 상태였다. 이 길이 내 길이 맞는지에 대한 질문 하나를 가지고 24시간 내내 하나님께 기도 중인 심령이었다.

그렇게 3개월쯤 지내고 나자 어느 순간 평안과 기쁨이 몰려왔다. 더 이상 질문이 떠오르지 않았다. 답이 궁금하지도 않았다. 갑자기 마음이 고요해지면서 목사의 길이고 뭐고 그저 하나님이 너무 좋아서 견딜 수 없었다. 온전히 그분과 단둘이 지내는 시간의 기쁨을 평생 처음 깨달았다.

하나님을 독대하는 기쁨이 다른 것들을 뒤덮었다. 소명에 대한 불안도, 이해가지 않는 일들도 모두 사라지게 만들었다. 그러고 나니 목사가 되기 위한 확신 따위는 아예 필요 없어졌다. 교회가 왜 나를 쫓아냈는지 설명하지 않아도 상관없었다. 내 문제는 하나님과의 만남 앞에 아무것도 아니었다. 그저 하나님의 존재에 압도당하는 것의 기쁨에 깊이 잠겨 있었다.

드디어 알게 된 이유

그로부터 2년쯤 흐른 뒤, 우연히 당시 교회 구역장님이셨던 분을 만났다. 나는 반갑게 그 분과 대화를 나눴다. 그 분은 자신 때문에 내가 그만두게 된 거라며 그때 일을 이렇게 설명하셨다.

"치유의 기적이 일어났을 때, 제가 미국에 계신 담임목사님에게 전화를 했어요. 그리고…"

그 분은 주머니에서 담배를 꺼내서 불을 붙이며 말을 이어갔다.

"저는 구역 식구들 세 가정과 함께 송 전도사님을 모시고 다른 교회를 개척하겠다고 전했어요…."

그런 통보를 나와는 한마디 대화도 없이 하신 거다. 이야기를 다 듣고 나서야 나는 이유를 알게 되었다. 그때 나는 담임목사님의 심중에 쿠데타를 일으킨 참모 같은 존재가 되어버린 것이다. 풀 수 없는 오해를 안고 쫓겨난 셈이다.

그렇게 나중에라도 이유를 알게 되서 감사했고, 나는 그 일 이후로 교회를 떠나 있던 그 분에게 복음을 다시 전했다.

나중에 이유를 알게 되었을 때는 감사했지만, 처음에는 마음의 짐이 컸다. 이유를 몰랐던 때, 그 3개월간의 홀로됨은 정말 힘들었다. 우울함, 외로움, 거절감, 실망감, 두려움 등 온갖 부정적 감정들이 마음을 채웠다. 삶의 방향을 잃은 채 잠도 거의 못 잤고, 밥도 먹는 둥 마는 둥 했다. 시험이나 유혹이 쳐들어온다면 언제든 마음의 문을 활짝 열어줄 것만 같은 연약한 상태이기도 했다.

그러나 홀로됨의 단점들은 선한 것들을 가져왔다. 무엇보다 좋았던 것은 종일 기도하는 상태 그 자체였다. 기도 응답이나 문제 해결이 아니라 오직 기도가 기도의 목적인 것을 경험했다.

의도치 않게 홀로된 덕분에 나는 매 순간 하나님과 단 둘이 지내는 일을 등 떠밀려서라도 하고 있었다. 처음 맞이하는 낯선 환경은 영적 관계를 새롭게 했다. 하나님과 나 사이에 아무것도 없는 상태, 그분만 의지하는 상태, 그 외에 아무것도 생각할 수 없는 상태는 황홀했다. 그 자리에서 죽어도 좋을 만큼 즐거웠다.

홀로됨을 통과하며 나는 사람들에게 사랑을 느꼈다. 내 문제로 가득했을 때는 몰랐던 같은 방 친구 전도사님들의 외로움이 헤아려졌다. 저마다 속앓이 중인 해결 불가한 문제들에 진심어린 공감이 일었다. 그들의 문제가 내 문제처럼 다가왔다. 마치 한 사람 한 사람의 마음속에 들어가 본 느낌이었다. 그렇게 나는 정서적으로, 지적으로 주변 사람들과 함께

하게 되었다.

저널리스트인 데이비드 브룩스는 이렇게 말했다.

"어떤 이상향을 향해 열심히 살다가 고통의 나락에 떨어져 본 사람은 자기중심에서 타인중심으로 목표가 바뀐다."

나는 그의 말에 덧붙일 것을 체득했다. 고통의 나락에 떨어져 홀로되어본 사람은 자기중심에서 벗어나게 된다. 그리고 공동체를 이루게 된다.

성경을 펼치고 독대의 자리로

그로부터 20년쯤 지났다. 홀로됨의 유익을 깨달았던 나는 그 사이 더 많은 시간을 의도적으로 홀로 지냈다. 그때 쫓겨났던 것은 혼자가 될 수 있는, 그래서 하나님을 독대할 수 있는 축복의 시간이었다.

거기서 배운 나는 지금까지도 문제가 생길 때마다 홀로되는 기회들을 놓치지 않는다. 동시에 어떤 문제들 때문에 고립 당하기 전에 미리 골방에 들어가 스스로를 격려하고 하나님과 단 둘만의 밀회를 만끽한다.

함께 지내는 듯해도, 사람들은 혼자다. 지혜 없던 초년병의 시절을 통과한 후 20년째, 이제는 홀로됨의 유익을 만끽하고 있는 나는 홀로된 또 다른 사람들을 만나고 있다.

목회 현장은 천인천색이다. 그들의 인생은 문제투성이다. 최근 만난 몇 사람만 떠올려 봐도 그랬다. 평생 동안 밤낮 없이 내달리던 목표가 갑자기 사라져버린 사업가, 그토록 사랑하던 아내를 결혼한 지 몇 주 만에 갑자기 떠나보내야 했던 새 신랑, 수학여행 가는 날 아침 부모님의 이혼 발표를 듣고 가출한 청소년, 모든 것을 투자했던 일이 허망하게 무너져버린 빈털터리 청년, 의도치 않은 사건에 연루되어 구치소와 재판장을 오가는 가장….

그들에게 안타까운 점은 왜 그렇게 홀로되었는지가 아니었다. 그들의 홀로됨에도 나쁜 점뿐만 아니라 좋은 점도 섞여 있었다. 저마다 경험 중인 고통이 진짜 문제가 아니다. 다만, 직면한 고통에 어떤 의미를 부여할 것인지가 중요하다.

목사는 성경 전문가다. 목사인 나는 그동안 여러 주제를 책으로 엮어내며 그 주제들에 매번 성경으로 말했다. 이번에도 다르지 않다. '내 안에 답이 없는 문제를 만나 홀로된 인생' 역시 성경에 나온다. 그들은 에덴의 변두리에서부터 로마의 감옥에 이르기까지 하나님을 독대하며 고통의 문제들을 통과했다.

성경은 인생 매뉴얼과도 같다. 성경에는 다 나온다. 홀로된 상황에 어떤 의미가 있는지, 무엇을 해야 하는지, 또 어떻게 그런 이들을 도울 수 있는지도 다 보여준다.

혹시, 지금 홀로 어떤 고통을 통과 중이라면, 혹은 그런 사람이 곁에 있어서 돕고 싶다면, 나는 당신에게 제안하겠다. 성경을 펼쳐 들고, 나와 함께 하나님을 독대하는 자리로 들어가 보자.

하 나 님 앞 에 홀 로 서 다

PART

1

홀로된
이유

chapter 1

왜
홀로되게
하실까?

너는 여기서 떠나 동쪽으로 가서 요단 앞 그릿 시냇가에 숨고

열왕기상 17:3

내려갔더니

한번은 거실에서 아내와 언쟁이 벌어졌다. 항상 그렇듯, 별일
도 아니었다. 이번에는 쓰레기봉투가 화근이었다. 퇴근하고
집에 도착하니 아내보다 먼저, 묶여 있는 쓰레기봉투가 나를
맞았다. 아내는 집안일을 도와 달라고 했고, 나는 가장의 자
존심을 내세워 집안일이 싫다고 했다.

언쟁 도중에 화가 나서 현관문을 '쾅' 닫고는 주차장으로
'내려갔다'. 아무도 없었다. 거기서 5분도 지나지 않아 내 감
정과 마음은 바뀌었다. 문을 괜히 세게 닫고 나왔다는 생각
이 들었다. 작은 일에 크게 반응하다니, 내 모습이 부끄러워
숨고 싶었다. 후회막심이었다. 아내가 옳고 내가 틀렸음이
보였다. 미안했다.

홀로 있기를 멈추고 다시 집으로 뛰어 '올라갔다'. 사과하

기 위해서였다. 나는 아내에게 화냈던 이유부터 설명하기 시작했다. 그런데 말하다보니 마음이 다시 꼬였다. 이전보다 더 큰 말싸움이 시작되었다. 그리고 주차장으로 또 '내려갔다'. 아무도 없었고, 마음이 후회로 뒤바뀐 것은 홀로 지낸 지 5분도 지나지 않았을 때였다.

집에서만 이런 게 아니다. 나는 자주 외로움의 자리로 '내려간다'. 인생사 다른 일들도, 교회 사역에 대처하는 모습도 비슷하다. 별일 아닌 걸로 문제가 커지고, 고통 가운데 나는 홀로 있게 된다. 잠시만 혼자 시간을 보내면 생각은 곧 바뀌고, 문제에 대한 대처도 달라진다. 성장한다. 패턴이다.

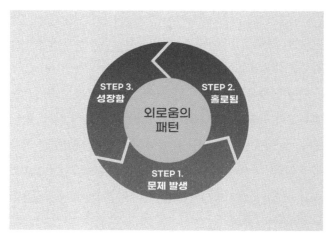

[그림1] 외로움의 패턴

step 1. 문제 발생

step 2. 홀로됨

step 3. 성장함

그림에서 보듯이 이 패턴이 반복된다. 궁금했다. 나만 이런 모습을 갖고 사는지, 아니면 일반적인 모습인지 알고 싶었다. 그래서 성경을 펼쳤다. 성경 검색 기능에 '홀로'라는 검색어를 넣었더니 엘리야가 가장 먼저 뜬다. 그의 이야기를 따라가보았다.

까마귀와 과부네

한 선지자의 선포로 기근이 시작되었다.

> 길르앗에 우거하는 자 중에 디셉 사람 엘리야가 아합에게 말하되 내가 섬기는 이스라엘의 하나님 여호와께서 살아 계심을 두고 맹세하노니 내 말이 없으면 수 년 동안 비도 이슬도 있지 아니하리라 하니라 왕상 17:1

놀라운 능력자의 등장이었다. 엘리야, 날씨마저 바꿔버리는 하나님의 사람. 그러나 선지자의 대단한 선포가 있은 후 하나님이 그에게 명하신 일은 초라했다.

너는 여기서 떠나 동쪽으로 가서 요단 앞 그릿 시냇가에 숨고
왕상 17:3

너는 일어나 시돈에 속한 사르밧으로 가서 왕상 17:9

엘리야는 하나님 때문에 '내려갔다'. 그저 홀로 지내는 자리로, 까마귀와 과부에게 얹혀사는 위치로 내려갔다. 생각해보면 까마귀는 불경건했고, 과부는 무능력했다. 둘 다, 지금까지의 선지자 이력에 전혀 어울리지 않는 외로움의 자리였다. 비를 막아섰던 능력자는 추락한 것만 같았다.

'기가 찬다. 한낱 까마귀라니, 과부네 집이라니…. 거기서 얻어먹으며 살게 되다니….'

권력의 중심에게 심판을 선포한 선지자가 가장 주목받지 못하고 아무도 찾는 이 없는 낮은 곳에서 숨어 지내야 했다.

이후 많은 날이 지났다(왕상 18:1). 하나님의 말씀이 임했고, 엘리야는 홀로 지내는 자리를 나서게 된다. 그리고 드디어 왕과 세상 앞에 서서 하나님의 뜻을 선포하며 대승을 거둔다(왕상 18:1-46). 전혀 다른 모습이다.

그러나 막상 이기고 나니 그 때문에 또 다른 문제에 봉착했다(왕상 19:2). 여기서 엘리야는 다시 혼자가 된다(왕상 19:4,5). 패턴이 똑같다.

홀로 남을 때라야 하나님 앞에 선다

홀로 남아 하나님을 독대하는 일은 사람을 바꾼다. E. M. 바운즈 목사는 이렇게 말했다.

"교회는 더 나은 방법을 찾지만 하나님은 더 나은 사람을 찾고 계신다. … 교회가 필요로 하는 것은 성령이 쓰실 수 있는 사람, 즉 기도의 사람, 기도에 능한 사람이다."

하나님의 일은 하나님이 하신다. 그럼에도 사람에게 부탁하시는 이유는 우리의 성장을 위함이다. 영적 멘토가 되시는 하나님께서 훈련자시니 그분과 긴밀히 만나는 사람은 성장한다. 하나님이 쓰시기 편한 도구로, 자기를 부인하고 자기 십자가를 지는 인물로 성장한다.

사람은 주로 어떤 자원이나 방법으로도 해결할 수 없는 문제와 만났을 때 혼자만의 자리로 떨어지게 된다. 고통이 사람을 혼자되게 만든다. 하다못해 곤충도 허물을 벗는 고통의 순간에는 오로지 혼자다.

일반적으로, 홀로 남는다는 것은 부정적이다. 그 자리에서 사람은 연약함을 느낀다. 건강이나 그동안의 이력과 같은 자기 보호막이 고통의 문제로 다 사라지게 되면 사람은 불안해진다. 무기력감, 외로움, 좌절감, 우울함, 분노 같은 온갖 부정적 감정에 휩싸이게 되기도 한다.

하지만 홀로됨에 나쁜 점만 있는 것은 아니다. 좋은 점도 있다. 사람은 막상 홀로되면 그제야 쉴 수 있다. 비록 고통 가운데 있을지는 모르지만, 그제야 차분해진다. 생각을 정리할 짬을 얻는다. 우선순위를 재점검할 수도 있다. 무엇보다 가장 좋은 점은, 오로지 하나님께 집중하게 되는 것이다. 하나님과 나 사이에 아무것도 없는 상태가 되는 것이 홀로됨의 유익이다.

하나님과 단 둘의 시간을 보낸 성경 인물들은 하나같이 하나님의 능력을 나타냈다. 우리 인생도 다르지 않다. 하나님의 사람들은 세상에 하나님을 비추는 거울과 같다. 달빛이 태양의 일부이듯, 우리도 하나님 능력의 한 부분이다.

사람이 홀로 있는 것은 좋지 않다(창 2:18). 하지만 무언가와 함께 있느라 홀로 완전하신 하나님을 망각하는 것은 더욱 나쁘다. 사람은 다 죄인이다(롬 3:10). 죄인들의 공통점은 어떤 상황에서든 하나님을 대체할 의지 대상을 찾는 것이다. 이때 선택하는 것은 주로 자기 자신이다. 좀 더 펼쳐서 말하자면, 자신의 힘과 경험, 자기 성취와 그에 따른 인정, 자신을 돕는 사람들이나 시스템, 어떤 철학과 신념, 그밖에 자신이 선호하는 어떤 것을 하나님보다 더 의지하고 따른다.

다행인 것은, 그럼에도 불구하고 하나님은 우리를 버리지 않으신다는 사실이다(신 31:6, 히 13:5). 그분은 자신의 백성을 포기할 줄 모르는 사랑의 아버지시다(신 4:31). 성경의 원리대로라면, 누군가 하나님 아닌 것을 의지하게 될 때 사랑의 주님은 그를 홀로되게 하심으로써 그를 되찾아 오실 것이다. 기존에 의지하던 온갖 것들로부터 고립시키심으로 하나님께 집중할 환경으로 안내해주실 것이다.

나 홀로 예배의 힘

믿음 근육을 튼튼히 만드는 신앙훈련 과정은 광야 같은 곳에서 외롭게 이뤄진다. 사람은 주로 고통의 순간에 홀로된다. 가난하면 친구가 끊어진다(잠 19:4). 사람들의 동의를 얻기 힘든 비전 앞에서도 혼자가 된다(단 10:7, 렘 15:17).

사실, 인생에서는 누구나 저마다의 고통을 통과 중이다. 혼자다. 그러나 걱정할 것 없다. 외로움의 자리로 이끄신 분은 탁월한 능력자시다. 모두 하나님이 인도하고 책임지신다. 성경에 나온다.

'출애굽 백성은 왜 광야로 들어가야 했는가?'
'엘리야 선지자는 왜 홀로 지내야 했는가?'
'예수님마저 홀로 광야로 들어가서야 했던 것은 누구 때문이었는가?'

이렇게 질문을 이어가다 보면 하나님의 마음이 보인다.

하나님이 하나님의 사람들을 홀로되게 하신다. 엘리야를 포함해서 성경에 등장하는 소명자들은 서로 닮아 있다. 그때 그들은 문제를 만나 홀로되었고, 그 자리에서 하나님께 집중했다. 예배했다. 그러자 능력이 나타났다.

엘리야 선지자는 가장 낮은 곳에서 3년 6개월의 시간을 홀로 지낸 후 바알 선지자 450명을 이겼다. 모세가 시내 산에서 홀로 지낸 후 내려왔을 때 그의 얼굴에서는 빛이 났다(출 34:29-35). 얍복 강가에 홀로 남아 하나님과 씨름했던 야곱도 그랬다(창 32:24). 노예와 죄수의 자리에서 홀로 지내다 이집트의 실권자가 되어 세상을 구원했던 요셉도 빼놓을 수 없다.

물론 그들이 다가 아니다. 한 사람 한 사람 살펴볼수록 홀로됨의 유익이 보인다. 하나님의 능력을 나타내 보였던 사람들에게는 공통점이 있었다. 그들은 홀로되어 하나님을 독대했다.

그때 그들이 그랬다면, 오늘날 우리에게도 같은 원리가 통한다. 하나님은 변함이 없으시다. 같은 하나님께서 같은 일을 하고 계신다.

여기서 우리가 주목해야 할 부분은 두 가지다. 하나는, 홀로 지내기를 낭비하지 않는 것이다. 그들은 그 시간을 기도와 말씀의 시간으로 사용했다. 또 하나는, 홀로됨을 그렇게 선용한 후에야 능력이 나타난다는 것이다. 하나님을 독대한 후에야 소명을 성취할 힘이 나타났다.

우리 인생의 각종 문제들 앞에서도 같은 원리가 적용된다. 신앙의 선배들이 보여준 원리다. 그러니 당신도 할 수 있다. 어떤 문제든, 능력으로 대처하는 방법이 여기 있다. 세파(世波)를 거스르는 힘을 하나님께 받아 나타내는 '나 홀로 예배'에 길이 있다. 소란한 시대일수록 조용히 골방에 머무르는 사람이 승리한다. 홀로 하나님과 만나는 사람은 인생의 크고 작은 문제들을 초월한다.

하나님의 사람에게 가장 필요한 것은 하나님과의 찐한 만남이다. 만약 당신이 사역자라면 더욱 그렇다. 하나님의 사람들과 동역하는 것은 먼저 하나님을 독대하는 시간을 통과해야 가능한 일이다.

지금 홀로 있다면

문제없는 인생은 없다. 어쩌면 이 책을 집어든 당신도 어떤 문제 때문에 외로움의 자리에 있을지 모르겠다. 그렇다면, 반갑다. 나도 그러니까. 사람은 대부분 비슷하게 지낸다. 특히나 요즘 같은 변화무쌍한 시대에, 쓸모없어진 과거 경험들의 무력함을 느끼며 많은 사람들이 각각 혼자다.

혼자 있는 그대를 축복한다. 홀로됨이 기회다. 하나님이 주신 선물이다. 홀로되는 장소의 상징적 이름은 광야다. 그 의미를 빨리 깨달을수록 광야 여정도 더 빨리 졸업하게 될 것이다.

이 책은 당신이 홀로됨을 선용하도록 도울 것이다. 그래서 당신의 시간 낭비를 줄여줄 것이다. 외로움을 선용하여 하나님과 독대하도록 동기를 부여하고 실행력에 힘을 더할 것이다. 이 책을 시작하며 나는 당신에게 두 가지 선택지를 보여주고 싶다.

1. 홀로 있게 만든 환경적 요소들에 집중하거나 아예 부정해버리는 것이다.
2. 홀로 있게 된 문제보다 하나님께 더 집중하며 홀로 예배하는 것이다.

물론 우리는 두 번째 옵션을 선택하려고 이 책을 펼쳐 들었다. 이 책은 성경으로 인도하는 하나의 안내서다. 성경에 찐답이 있으니까.

이제, 성경을 펼쳐들어보자. 누구도 함께할 수 없는 고난의 시간을 통과 중인가? 이 시간을 함께 선용해보자. '나만 홀로 남았으니'라고, 우리도 엘리야 선지자처럼 하나님 앞에 홀로 나가 부르짖어보자.

홀로 창조주의 말씀 빛을 고스란히 축적하는 외로운 시간을 보내보자. 언젠가 바알 숭배자들 450인 앞에 서서 하늘의 불을 이 땅에 내리꽂는 사람이 될 때까지.

chapter 2

월동
준비의
계절

뜨거운 역사 이야기

우리 할머니는 일본어를 듣고 말할 줄 아셨다. 일제 시대를 경험하셨기 때문이다. 할머니는 공산당이 쳐들어와 교회를 불태우는 일도 겪으셨다. 한국전쟁을 역사책이 아닌 몸으로 통과했던 분이시다. 돌아보면, 어렸을 때 할머니가 전해주던 역사 이야기는 학교에서 배우던 내용과 온도가 달랐다. 뜨거웠다. 온갖 종류의 고통스러운 기억과 감정이 버무려진 역사였다.

그런데 나에게도 할머니처럼 후대에 전해줄 뜨거운 역사 이야기가 생긴 것 같다. 20세기에서 21세기로 넘어왔던 이야기다. 과거에 없던 문제들이 빠르게 등장하고, 하나를 해결하는 동안 여러 개의 문제가 더 생긴다. 선배 세대의 축적된 경험도 점차 도움이 되지 못한다. 뭐든 낯설다.

코로나19 사태가 주었던 변화상이 좋은 예다. 새로운 일들이 한둘이 아니다. 국가적으로는 우방 중심에서 이익 중심으로 탈세계화 되었고, 개인적으로는 디지털화된 일상으로 들어갔다. 모두가 모두와 연결되는 다극체제가 삶의 새로운 틀이 되었으며, 무형에 가까운 창조적 자산이 급증하며 세상을 지배하기 시작했다. 과거의 경험에 근거해서는 더 이상 생존할 수 없는 새로운, 동시에 불안정한 시대가 일어났다.

새로운 바이러스만이 문제는 아니다. 새롭게 등장한 사회적 문제들은 셀 수 없다. 가장 먼저 눈에 띄는 것은 인구 감소다(이하 2021년 통계). 출산율이 보여준다. 전국적으로는 0.88명, 서울은 0.64명이 평균이다. 만약 이대로 변화 없이 30년쯤 지나면 피부에 와 닿는 문제가 될 것이다. 경제 부분의 위기도 있다. 출산율 감소는 곧 내수(內需) 문제, 구매력과 경제력 약화로 이어질 것이다.

고령화는 또 어떤가? 65세 이상 인구는 전체의 16.5퍼센트가 되었고, 30년쯤 지나면 우리나라 인구의 39.8퍼센트를 차지하게 될 전망이다. 현재 지구 평균이 9.3퍼센트인 것과 비교하면 우리나라가 노령화 사회로 들어가는 것 역시 남다른 문제다.

당장 해결하지 않으면 큰일 날 문제들은 그 외에도 줄지어 있다. 1인 가구는 910만이 넘어 전체 인구 대비 39.5퍼센트가 되었고, 매년 150퍼센트씩 증가 중이다. 직장인 평균 연봉 상승률보다 물가 상승률이 더 높은 것도 문제다. 노동 가치는 꾸준히 하락하고 있다. 자살률은 또 어떻고, 취업률은 또 어떤가? 매번 달라지는 대학입시 요강을 맞이하는 학생들은 어떤가? 기후 변화는?* 당장 해결해야 하는 문제들은 끝이 없다.

불안정한 시스템

더 큰일은 따로 있다. 이런 문제들을 과거에서는 찾아볼 수 없다는 사실이다. 이전의 농경사회에서는 경험이 중요했다. 수 세대 동안 축적되어온 농사 노하우를 가진 '할아버지'가 '자식과 손주 세대'에 농법을 전수했다. 수확과 파종을 거듭해도 새로운 문제는 거의 없었다. 집에 어른이 계시다면 안정적이었다. 어른들의 지혜를 도움 받아 대처하면 될 일 투성이였다.

지금 우리는 농경 시대를 살고 있지 않지만, 그럼에도 공통점이 있다. 사회 구성원들은 과거가 만든 시스템이 현재에 통용되길 기대한다는 점이다. 어떤 사회 시스템이 안정적이려면, 완전히 새로운 문제를 찾기 힘들어야 한다. 과거 경험이 내놓은 최적 구조가 현재의 문제를 이길 수 있어야 한다.

그러나 우리가 사는 세상은 전혀 다른 국면에 들어섰다.

만나는 문제마다 새로운 것들 투성이다. 이전에 없었던 일들이다. 과거가 만들어놓은 시스템 바깥에서 새로운 답안을 찾아다녀야 한다. 불안정하다.

불안정한 사회를 사는 사람들은 불안하다. 자신이 알던 세상이 아닐 때일수록 위기감은 더욱 고조된다. 어려움은 닥쳤고, 더 이상 믿고 의지할 데가 없다는 다급한 마음이 든다.

교회는 그리스도의 몸이다(엡 5:1:22,23). 그리스도는 완벽하시다. 그러나 그의 몸은 상처투성이다. 불안정하다. 상처 많은 세상과 함께한다.

교회학자인 한스 큉은 유명한 말을 남겼다.

"교회는 시대의 옷을 갈아입어왔다."

더 쉽게 말하자면, 건축가 유현준 교수의 말대로다.

"절은 산속에 있고, 교회는 상가에 있다."

교회는 시대 독립적인 기관이 아니다. 세상 한복판, 상가에 있다. 교회는 하늘에 속했다. 그러나 땅에 뿌리를 내리고 세상과 공존한다. 교회 역시 위기의 시대와 동행하며, 세상과 호흡을 함께한다. 그래서 작금의 위기와 불안을 함께 통과 중이다.

지금 교회가 직면하는 문제들도 새로울 뿐이다. 이전의 선교 방법론이 더 이상 통하지 않는다. 많은 선교사가 현장에서 철수하거나 숨어 지낸다. 건물 중심, 주일예배 중심, 프로

그램 중심의 사역 방법들도 이제는 예전처럼 지속하기 힘들다. 온라인 예배와 현장 예배를 넘나드는 동안 성도 수는 반동강이 났고, 여기에 재정 악화까지 겹쳤다. 인플레이션 효과도 가세했다. 원자재 가격들이 앞다투어 상승하며 돈의 가치는 떨어지고 있다. 슬그머니 사라지는 큰 교회 건물들도 늘어났다. 전임사역자들과 목사 리더십, 그리고 선교사들도 하루 벌어 하루 먹고사는 생활 전선으로 내몰렸다.

전도의 상황도 변화를 맞았다. 불특정 다수의 전도 대상자를 만날 수 있는 거리와 행사들이 사라졌다. 오히려 급격히 늘어난 '교회 떠난 신앙인들'(de-churched people)이 온라인 세계를 떠돌며 복음의 문을 두드리고 있다.

위기의 시대를 통과하며 SNS 의존도는 더욱 커졌다. 필요에 따라 공급도 늘었다. 온라인 상에서는 실체 없는 무형의 선교단체들과 개인 개척자들이 증가했다. 유튜브에 설교와 성경 강의를 올려 공유하며, 온라인 미팅 앱으로 심방하고, 인스타그램과 틱톡으로 온라인 교회 모임 상황을 전하고 있다. 지역과 나이로 구별했던 사역상의 타겟팅은 점차 관심사와 문화적 공감대를 중심으로 재편성 되었고, 교회 건물을 넘나들며 저마다의 필요에 의해 연결과 해제를 반복 중이다.

이들은 하나같이 과거에 없던 일들이다. 현재를 있게 한 과거의 시스템을 샅샅이 훑어봐도 이렇다 할 해결책은 찾기 힘들다. 전면적 구조 업그레이드가 필요해 보인다. 하지만 세상은 어디서부터, 어떻게, 어디까지, 무엇을 바꿔야 하는지 우왕좌왕하고 있다.

이럴 때 우리는 어떻게 해야 하는가? 삶을 지탱해주는 사회 시스템 전반이 불안정할 때 우리는 어디서 안정을 찾을 수 있는가? 과거 경력이나 경험에 더 이상 의지할 수 없는 시대를 맞아, 새로 등장하는 문제들 앞에서 길은 어디에 있는가?

역시, 성경에는 없는 문제가 없다

질문을 던지다 보니 아브라함의 초기 모습이 떠오른다. 그가 맞았던 변화상과 심리 상태가 지금과 비슷한 유형이 아니었을까 싶다. 믿음의 조상이라 불리는 아브라함. 그 역시 답 없고 불안한 환경을 통과해야 했다.

답을 찾지 못하는 문제를 만났을 때, 사람들은 부서지기 쉬운 상태에 빠진다. 창세기 12장에 등장하는 아브람과 같다. 그는 소명자였지만, 기근을 만나자 믿음을 잃고 무서워하며 흔들렸다. 그의 이야기를 살펴보자.

아브람에게는 하나님의 말씀이 있었다.

여호와께서 아브람에게 이르시되 너는 너의 고향과 친척과 아버지의 집을 떠나 내가 네게 보여 줄 땅으로 가라 창 12:1

그는 '여러 민족의 아비'가 될 소명을 가지고 이사를 감행했다(창 17:4). 그는 순종하는 모습을 보여주었다.

이에 아브람이 여호와의 말씀을 따라갔고 창 12:4

표현도 아름답다. 이때 아브람의 나이는 70대 중반. 이미 할아버지였지만 평생의 업적과 이력을 다 버리고 하나님의 말씀을 따라 여정을 출발했다. 그가 집중했던 것은 과거 시스템이 통용되는 익숙함이 아니었다. 그 대신 하나님의 말씀을 따라갔다.

아브람에게는 분명한 소명이 있었다. 그래서 익숙함을 벗고 약속의 땅을 향해 새 출발하는 어려운 일을 해낼 수 있었다. 과거 경험이 통하지 않는 낯선 환경을 맞이하는 것을 주저하지 않았던 아브람. 그는 분명 믿음의 사람이었다.

평생 쌓아올린 이력을 버리고 떠나는 것은 결코 쉬운 일이 아니다. 한 번도 경험해본 적 없는 환경으로 들어가는 것은 어려운 일이다. 답안지 없는 변화상에 직면한 오늘날도 그렇다. 새로운 문제에 봉착해서 소명을 지속하는 것은 힘든 일이다. 그런데 대단하다. 아브람은 하나님의 말씀을 목적으로 추구하며, 환경이 주는 어려움을 개의치 않는 소명자였다. 그야말로 믿음의 조상다운 면모를 보여주었다.

여기까지는 성공한 인생이었다. 하지만 이야기는 아직 시작도 하지 않았다. 성공한 듯했던 아브람은 곧 추락한다. 하나님이 주신 복의 핵심은 그의 가정에 있었다. 그런데 '기근'이라는 또 다른 낯선 환경을 만났을 때, 아브람은 약해졌다. 믿음은 흔들렸고, 뒤이어 두려움에 빠졌다. 아브람은 누군가 그 가정을 파괴하고 죽일 것 같다는 생각이 들어 꾀를 냈다. 낯선 사람들 앞에서 아내를 '누이'라 속이기로 한 것이다. 그래야 어떤 잠정적 불한당이 자신의 가정을 파괴하지 않을 것이라 생각했다. 그는 아내에게 이렇게 말했다.

"애굽 사람이 그대를 볼 때에 이르기를 이는 그의 아내라 하여 나는 죽이고 그대는 살리리니 원하건대 그대는 나의 누이라 하라 그러면 내가 그대로 말미암아 안전하고 내 목숨이 그대로 말미암아 보존되리라 하니라"(창 12:12,13).

아이디어 자체는 좋았을지 모르나 출처는 불신이었다. 아브람의 성공은 위협당했다. 기근 때문이 아니라 소명에 대한 불신과 불안 때문이었다. 그는 뿌리가 썩기 시작한 나무 같았다. 믿음이 식어버린 자리는 두려움과 거짓말로 오염되었다. 여기서부터 아브람은 추락하기 시작했다. 자신이 불신하며 두려워하던 것이 그대로 실행되었다.

실제로 애굽의 권력자들이 아브람의 가정을 파괴하는 것을 아브람은 잠자코 보기만 했다. 성공은 이어지는 듯 했다.

아내를 팔아 얻은 돈, 결혼지참금을 왕창 받았다. 하지만 이 것은 성공이 아니라 실패였다.

왜 그랬을까? 무엇이 하나님의 사람을 흔들어 실패를 선택하게 이끌었을까? 이에 답을 주는 구절이 아브람의 성공과 실패 사이에 등장한다.

> 그 땅에 기근이 들었으므로 아브람이 애굽에 거류하려고 그 리로 내려갔으니 이는 그 땅에 기근이 심하였음이라 창 12:10

기근 때문이다. 아브람의 성공과 실패 사이에 '기근'이 나온다. 한 구절 안에서 두 번이나 '기근'이 이유였다고 반복해서 강조하며 아브람의 심경을 보여준다. '그 땅'은 하나님의 말씀대로 순종해 도착한 소명의 장소였다. 거기에 기근이 들었다는 것은 정말 아브람둥절케 했다. 앞뒤가 맞지 않았다.

이때 아브람은 슬그머니 소명을 버린다. 하나님의 말씀에 대한 애초의 순종을 '해석'하기 시작한다. 말하자면 이런 식이다.

'네? 기근이라구요? 이게 말이 되나요? 순종했으니 이제 약속이 이뤄져야 하는 거 아닙니까? 기껏 가나안까지 도착했는데 기근이라니, 틀림없이 이건 뭔가 잘못되었어요. 여러 민족을 이루는 시조가 되는 것이 하나님의 축복의 말씀 아니었나

요? 그런데 기근이라뇨? 복의 근원은커녕 굶어 죽게 생겼잖아요!'

하나님을 경외하는 사람은 자신이 빠진 고난보다 하나님을 크게 생각한다. 하나님께 복종했을 때 뒤따를 결과를 감히 예상하지도, 또는 그 때문에 소명의 의미를 곡해하지도 않는다. 다만, 말씀대로 할 뿐이다. 반면, 하나님을 경외하지 않는 사람은 하나님을 있는 그대로 보고 들을 수 없다. 오히려 하나님의 말씀에 자기 자신을 투영해서 해석한다. 아브람이 그랬다. '열국의 아비'가 되는 일에 '기근'은 어울리지 않다는 생각을 하나님의 말씀보다 위에 두었다.

어렵게 말했지만, 알고 보면 간단하다. 배가 고파서 그랬다. 아브람은 배가 고파서 소명을 버렸다. 굶어 죽은 것이 아니라, 굶어 죽을 수도 있는 가능성 때문에 순종을 불순종으로 갈아치웠다. 그의 행동이 불안정했던 그의 믿음을 드러낸 셈이다. 아브람에게는 배고픔이 하나님보다 강했다. 이것이 그가 하나님을 대하는 수준이었고, 믿음의 실체였다. 그는 훗날 자신의 믿음을 행동으로 증명할 때까지 하나님의 훈련을 통과하게 된다(약 2:21).

용서를 넘어 은혜로
아직 믿음의 행위가 없던 아브람은 홀로 남았다. 아내를 팔아치운 빈자리에서, 그는 홀로였다.

하나님의 말씀을 처음 듣고 어려운 순종을 믿음으로 감행하던 일도 다 사라졌다. 고향과 친척과 아버지의 집을 나서던 때도, 아내와 함께 가나안으로 올라가던 여정도, 하나님의 꿈을 좇던 시기도 모두 물거품이 되었다. 아브람은 아내도 잃고 목적도 잃은 채 홀로 애굽에 남겨졌다.

이후 아브람을 위해 하나님이 홀로 일하셨다. 하나하나 아브람의 불신 행동을 뛰어넘는 은혜들이었다. 우선 아내를 누이라 속여 새 시집을 보내버린 사기꾼임에도 부가 더해졌다. 그리고 하나님이 직접 아브람의 아내 사래를 되찾아오는 일을 진행해주셨다. 사래를 데려갔던 바로는 아브람이 자신을 속였음을 알고 그녀를 돌려보냈다. 하나님께서 홀로 중재하신 일이었다.

아브람뿐 아니라 대부분의 사람들도 하나님보다 자신이 저지른 불신의 일이 가져오는 결과들을 두려워한다. 아브람의 경우를 보면 아내를 팔아치운 직후 이 두려움을 하나님이 해결해주셨다. 불신이 가져온 소명 파괴를 하나님께서 홀로 회복시켜 주셨다. 용서를 넘어서, 은혜를 주셨다. 그 앞에서 사람이 바뀐다.

다음 구절에서 아브람은 달라졌다. 그는 네게브로 '올라갔다'(창 13:1). 처음의 믿음을 회복해서 다시 소명의 길로 복귀했다.

참고로, 성경에서 '내려간다'는 표현은 하나님으로부터 더 멀어진다는 뜻이다. 반대로 '올라간다'는 것은 하나님께 더 가까워진다는 말이다. 이전에 애굽으로 '내려갔던' 아브람이 (창 12:10) 다시 '올라갔다'. 전혀 다른 사람으로 바뀌었다. 언제 아브람이 이렇게 180도 바뀌었을까? 바뀌기 전과 후, 그 사이에 아브람에게 무슨 일이 있었을까?

그는 사래를 떠나보낸 빈자리에 덩그러니 남아 있었다. 소명과 함께 아내를 잃고 홀로 남아 있었다. 심지어 이것은 우연히 일어난 사고도 아니었다. 불신으로 목적, 소명, 비전을 내버린 결과를 그는 홀로 맞이했다. 이 순간이 아브람의 변화 시기였다.

잃었던 비전과 목적, 그리고 믿음을 완전히 회복하기 직전에 아브람은 혼자 있었다. 그때 그가 어떤 일을 했는지는 아무도 모른다. 기도를 했는지, 하나님의 음성을 들었는지, 아니면 조카 롯과 윷놀이를 했는지, 성경에는 기록되어 있지 않다. 하지만 우리가 성경에서 분명히 알 수 있는 사실은 그가 변했다는 것이다. 그리고 그의 변화 전과 후 사이에, 그는 아내를 떠나보내고 홀로 남아 있었다는 것이다.

아브람 스토리에서도 패턴이 발견된다. 아브람은 나중에 믿음의 조상인 '아브라함'으로 성장한다(창 17:5). 그는 오늘날 소명의 여정을 걷고 있는 모든 믿음의 사람들에게 아버지 격이다. 우리의 길은 그가 이미 걸어봤던 길이기도 한 셈이다. 그래서인가? 사람들은 보통 실패한 아브람과 비슷한 순서를 거친다.

1. 하나의 목표를 향해 어려운 믿음 액션을 취해 성공에 이른다.
2. 그런 다음 전혀 기대치 못했던 문제에 휩싸인다(아브람의 경우 '기근').
3. 그러고 나서는 최초의 목표를 재고하며 전혀 다른 사람처럼 행동해 더 큰 문제를 만들어내는 장본인이 된다.
4. 이때 혼자가 된다. 이전에 이뤄낸 성과와 경력이 무너지고, 믿었던 사람이나 재물을 잃어버리기도 한다. 다시는 이전으로 돌아갈 수 없을 것만 같은 실패감의 나락(奈落)으로 떨어져버린다.
5. 홀로 있는 동안 모든 것을 회복하는 어떤 일이 일어난다. 하나님 역시 이때 홀로 일하신다(아브람의 하나님은 애굽으로 추격해가셨고, 거기서 아브람이 저지른 실수들을 하나님만의 방법으로 '홀로' 수습하셨다).

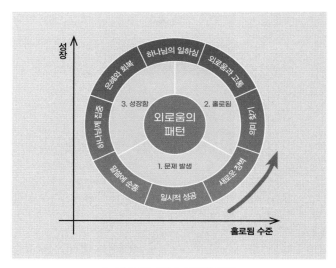

[그림2] 홀로됨과 성장의 바퀴

변치 않는 것

성난 파도 위에서 길을 잃었을 때의 희망은 등대에 있다. 방황을 멈추려면 고정된 빛을 기준 삼아야 한다. 지금 우리는 흔들리는 세상을 통과 중이다. 이제껏 해오던 방식이 더 이상 통용되지 않는 위기의 시대다. 변화무쌍한 세상에 올바로 대처하려면 잦은 변화에 집중해서는 안 된다. 그 대신 변하지 않는 것을 붙들어야 한다. 성경은 말한다.

"이에 아브람이 여호와의 말씀을 따라갔고"(창 12:4).

"나 여호와는 변하지 아니하나니 그러므로 야곱의 자손들아 너희가 소멸되지 아니하느니라"(말 3:6).

"예수 그리스도는 어제나 오늘이나 영원토록 동일하시니라"(히 13:8).

"주는 한결같으시고 주의 연대는 무궁하리이다"(시 102:27).

"온갖 좋은 은사와 온전한 선물이 다 위로부터 빛들의 아버지께로부터 내려오나니 그는 변함도 없으시고 회전하는 그림자도 없으시니라"(약 1:17).

하나님만이 변치 않으신다. 그러니 흔들릴수록 그분을 더욱 붙들어야 한다. 기도와 말씀이라는 믿음의 도구로 예배하며 달려들어야 한다.

흔들릴 때일수록 흔들림 없는 기준에 집중해야 이긴다. 영원불변의 진리인 하나님의 말씀을 붙들고, 홀로 완전하시며 변치 않으시는 하나님을 향해야 한다. 이에 집중하는 것이 옳은 길이다. 살 길이다.

홀로서기

이때 필요한 것은 홀로됨이다. 기근을 만났을 때, 두 가지 선택지가 주어진다. 하나는 위기에 놀라 허둥대며 다수의 사람들처럼 평범하게 지내는 것이다. 또 다른 하나는 이 시간을 수신(修身)의 기회로 삼는 것이다. 스스로 기도하며, 스스로 말씀에 집중함으로 나아가는 길이다. 영적 월동 준비를 하는 것이다. 변화무쌍한 세파도 뚫지 못하는 영혼의 밀도를 가지려 의도적 외로움의 자리로 들어가는 것이다.

여기에 아름다움이 있다. 어차피 위기와 고난을 맞으면 홀로된다. 다수의 사람들은 저마다의 변화에 직면해서야 허둥대며, 아내를 팔아버렸던 아브람의 오류를 반복하기 일쑤다. 그러나 성경을 읽는 우리는 다른 길을 선택할 수 있다. 하나님을 독대하기 위한 홀로됨이 그것이다.

'반면교사'(反面敎師)라는 말이 있다. 어떤 사물이나 사람의 부정적인 측면에서 교훈을 얻는 것을 뜻한다. 처음에는 순종했으나 기근을 만나 추락했던 아브람이야말로 우리의 반면교사다.

오늘날 우리를 에워싼 환경은 아브람이 만났던 기근과 비슷하다. 목적을 가지고 출발하던 과거가 전혀 예기치 못했던 방향으로 흘러가고 있다. 등장하는 문제들마다 개인과 사회의 기대에서 많이 벗어나 있다. 이럴 때, 대부분의 사람들은 아브람의 오류를 반복한다. 처음 시작할 때 확실했던 것을 쉽게 놓쳐버린다. 소명 목적에 의심을 던지며, 현재의 자신을 있게 만든 여정을 스스로 파괴하는 오류를 저지른다. 아브람이 스스로 아내를 팔아버렸던 것만큼이나 미련한 짓을 서슴지 않는다.

철학자 니체는 "인생을 살아갈 이유를 가지고 있는 사람은 어떤 과정이든 견딜 수 있다"라고 말했다. 소명자는 믿음 여정의 어떤 기근도 통과할 수 있다는 뜻이다. 소명을 잃은 경우라면 취약해진다. 그런 경우는 기근뿐 아니라, 다른 어떤 고통에도 더 쉽게 무너질 수 있는 위기에 처하게 될 것이다.

위기의 시대일수록 우리는 환경의 어려움 때문에 스스로 소명을 무너뜨렸던 아브람의 실패를 기억해야 한다. 어떤 기근이 닥치더라도 흔들리지 않도록, 미리 홀로 남아 소명을 돌아봐야 한다. 시험은 시험 전에 준비해야하듯, 기근이 닥치기 전에 기근을, 소명을 잃기 전에 소명의 확신을 준비하자.

일단 어떤 종류의 기근 때문에 소명이 무너지게 되면, 그 이후에는 아주 작은 일에도 쉽게 깨지고 부서져버리는 인생으로 전락해버릴 것이다. 그러니 실패 후 홀로되기 전에, 먼저 스스로 하나님만 독대하는 외로움으로 들어가자.

우리 조상 아브라함이 그 아들 이삭을 제단에 바칠 때에 행함으로 의롭다 하심을 받은 것이 아니냐 약 2:21

---

* UN 보고서들을 읽어보면 기후가 심각하게 변하고 있다. 이 문제가 피부로 와닿는 현상이 되기까지는 30년도 채 남지 않았다. 우리나라의 경우 경상 해안과 인천, 그리고 제주도의 일부가 물에 잠기게 된다고 한다.

chapter 3

혼자라는 것의
아름다움

이러므로 남자가 부모를 떠나 그의 아내와 합하여 둘이 한 몸을 이룰지로다

창세기 2:24

좋지 않은 것의 좋은 점

혼자라는 것은 외롭다. 그러나 아름답다. 두 가지 이유가 있다. 첫째는 하나님의 속성 때문이다. 그분은 홀로 계실 수 있는 유일한 존재시다(신 32:12, 슥 14:9, 시 72:18). 홀로 거하시는 것은 그분의 완전성을 보여주는 아름다움이다(시 27:4).

또 하나의 이유는 사람의 속성 때문이다. 하나님께서 사람을, 홀로 있는 것이 좋지 않도록 지으셨다. 그런데 좋지 않은 것이 다가 아니다. 그 안에 좋은 것이 있다. 사람이 홀로일 때의 취약함에 하나님의 창조 섭리가 들어 있다. 홀로됨은 공동체를 추구하는 에너지원이 될 때 선하다. 이는 또한 홀로 완전하신 하나님을 향하게 만들 때 아름답다. 이 장에서는 두 번째 이유에 대해 조금 더 자세히 살펴보자.

외로움의 원형을 열어보면 하나님의 의도가 엿보인다. 창

조 이야기에 등장하는 처음 사람을 보라. 그에게는 아무도 없었다. 에덴동산에 누구보다 먼저 존재했던 싱글, 아담은 홀로였다.

창세기 2장은 그에 대해 자세히 다룬다. 여기서 몇 가지 특징이 눈에 띈다. 첫째, 그는 지상 1인자였다. 성경은 그를 '하나님의 형상'으로 부르는데, 이것의 다른 말은 '대리 통치자'이다. 그의 직속상관은 무려 창조주셨다. 그분 외에 다른 모든 피조 세계는 아담의 발아래 있었다. 그는 하나님의 뜻을 지상에서 실천해 나가라고 창조주께서 직접 임명하신 관리자 같은 존재였다.

둘째, 아담은 자유로웠다. 하나님은 아담을 자유의지 없는 기계처럼 프로그래밍하지 않으셨다. 스스로 사고하며 세상 모든 것을 '임의'로 다룰 수 있는 존재로 창조하셨다. 심지어 직속상관의 명령을 거부할 자유까지 부여받은, 동시에 그 결과까지 책임져야 하는 중책을 맡은 인물이었다.

끝으로, 그는 불완전했다. 홀로 있는 것이 좋지 않은 상태로 지음 받았다. 성경에는 이렇게 나온다.

"여호와 하나님이 이르시되 사람이 혼자 사는 것이 좋지 아니하니"(창 2:18).

'엇? 가만, 좋지 않다고? 원래 좋다고 하지 않으셨던가?'

성경의 첫 장에서 하나님은 6일 동안 세상을 만드셨다. 그리고 각 창조 섹션이 완성될 때마다 분명 "좋다"라고 하셨다. 하지만 성경의 두 번째 장에서 유독 사람에게는 '좋지 않다'라고 하셨다. 정반대의 두 표현이 연속해서 등장한다.

'내가 잘못 봤나?'

아니다. 눈을 비비고 다시 봐도 앞에서는 좋다고 하셨다가, 뒤에서는 좋지 않다고 하셨다.

"남자와 여자를 창조하시고 … 보시기에 심히 좋았더라"(창 1:27-31).

"사람이 혼자 사는 것이 좋지 아니하니"(창 2:18).

앞뒤가 다르니 질문이 생긴다.

'하나님이 한 입으로 두 말 하시는 것일까? 좋으면서 좋지 않다는 말이 무슨 뜻일까? 다 완전한데 인간만 충분하지 않다는 말인가? 최소한, 좋지 않다고 이어 말씀하시려면 불과 몇 구절 앞에서 좋다고 하셨던 말씀을 먼저 수습하셔야 하는 것은 아니었을까?'

결론부터 말하자면, 내가 잘못 본 것도, 성경의 오류도 아니다. 다만 전체의 맥락을 무시하고 이 부분만 따로 떼어보면 이상하게 보일 뿐이다. 한마디로, 두 개의 상충된 '부분의 합'으로 '전체'를 형성하는 것은 옳지 않다. 그 대신 '전체'에서 출발할 때에야 '부분의 합'에 이르러도 옳다. 예를 들어, 인간의 몸을 구성하고 있는 모든 화학성분(부분)을 어떤 과학자에게 준다고 해도 그가 인간(전체)을 만들어낼 수는 없는 것과 같다.

성경은 한 권의 책이며, 전체에 흐르는 일관된 맥락이 존재한다. 거기서 출발해서 '좋다'에 이어 등장하는 반대말 '좋지 않다'가 서로 어떤 관계인지 살펴보는 것이 옳다.

성경 전체의 맥락을 보자면 하나님은 완전하시다. 그분은 흔들림이 없으시고 영원히 동일하신 분이다. 그분의 말씀 역시 오류가 없다. 즉, 피조 세계에 대해 '좋다'라고 표현하신 것과 그 안에 있는 사람이 혼자 있을 때 '좋지 않다'라는 것은 서로 충돌되지 않는다. 둘 다 맞다. 좋은 것과 좋지 않은 것이 함께 있는 것이다. 굳이 정리하자면 이런 식이다.

- 하나님은 사람이 혼자 있는 것이 좋지 않도록 만드셨다.
- 여기에는 하나님의 의도가 들어 있었다.
- 하나님의 의도대로 완성된 인간의 모습이 보기 좋으셨다.

샌드위치 구조

여기까지 생각하고 보니, 이번에는 다른 질문이 생긴다.

'그 의도란 무엇이었을까?'

구절의 뒷부분을 마저 읽어보면 '좋지 않은 상태'에 대한 하나님의 해결책이 등장한다. 그것은 '돕는 배필'을 만드시겠다는 독백이다.

"… 좋지 아니하니 내가 그를 위하여 돕는 배필을 지으리라 하시니라"(창 2:18).

그리고 하나님은 아담에게 동물들을 이끌어주신 후, 그들에게 어떤 정체성을 부여하는지 지켜보는 시간을 보내신다(창 2:19). 그다음 '돕는 배필' 이야기를 다시 꺼내서 실행해주신다(창 2:20,21).

단순화해서 보자면, 신학자들이 말하는 샌드위치 구조(흔히 A-B-A로 도식화하는데, 이 경우 B는 A와 관계가 있다)로 연결된 구절들이다.

A. 돕는 배필(18절)

B. 동물 정체성 부여(19절)

A. 돕는 배필(20절)

자, 퍼즐 조각은 다 준비되었으니 이제 연결해보자. 돕는 배필을 주시려는 것은 완전하신 하나님의 계획이었고, 곧이어 아담에게 실행되었다. 그 계획과 실행 사이에서 하나님은 아담이 동물들의 이름을 짓게 하셨다. 물론 이것은 돕는 배필과 관련이 있다.

아담의 동물 이름 짓기 과정(B)은 돕는 배필을 만들어주시는 하나님(A)의 전체 그림 안에 있다. 한편, 돕는 배필의 원인은 아담의 좋지 않은 모습인 '홀로 있기'에 있다. 그러므로 하나님의 의도는, 아담이 하와와 함께함으로 '좋지 않은' 상태에서 '좋은' 상태로 나가도록 하셨다는 추론이 가능해진다.

창조주의 '여백의 미'

말하다보니 목사의 습관이 나왔다. 쉬운 것을 어렵게 표현했다. 그래서 말인데, 혹시 학창 시절에 학교에서 들었던 '여백의 미'라는 표현을 기억하는가? 중학교 미술시간을 떠올려보라. 당시 미술 시험에 자주 나오는 단골 문제의 답이 있었다: '여백의 미'.

한 미술가의 예술 작품에 빈 공간이 있다. 그것은 실수가 아니라 화가의 의도가 담겨 있는 공간이었다. 그는 일부러 작품의 부분을 비워둠으로써, 표현하고자 하는 미적 관점을 전달했다.

이번에는 미술가의 자리에 창조주를 올려놓고 다시 '여백의 미'를 쳐다보자. '사람이 혼자 있는 것이 좋지 않은 상태'란 마치 '여백의 미'와 같다. 창조주의 작품에 들어 있는 의도적 불완전성이다. 아담은 '돕는 배필'이 필요한 여백을 가진 모습으로 지어졌고, 이것이 하나님의 눈에 아름다웠다(창 2:18).

하나님은 예술가 중의 예술가이시니 꼭 틀린 비유도 아니다. 그분의 피조물은 완벽하다. 다시 말하지만, 보기 좋다. 불완전한 상태에 창조주의 미적 의도가 숨어 있다. '홀로 있는 것이 좋지 않은' 사람은 하나님의 의도대로 된 것이니 아름답다.

홀로됨의 기원을 보면 홀로됨에 대한 양가감정이 느껴진다. 홀로 있는 상태는 좋지 않다. 동시에 좋다.

아담이 하와를 맞이하는 동안 했던 일은 두 가지 밖에 없다. 이름 짓기(창 2:19), 그리고 잠자기(창 2:21). 둘 다 힘든 일은 아니다. 아담이 '좋지 않은 상태'를 바꾸기 위해 거의 아무것도 안 했다고 해도 과언이 아니다. 그는 가만히 있었던 것이나 다름없다. 그 대신 하나님이 열일하셨다. 아담이 동물의 이름을 짓도록 인도하셨고, 아담 스스로 외로움과 공동체의 필요를 절감하도록 안내하셨으며, 그를 잠들고 일어나게 하셨고, 그동안 돕는 배필을 만들어 그에게로 이끄셨다. 또한 이 모든 일이 가능하도록 에덴동산도 미리 만들어두셨다. 그럼에도 정작 겉으로 드러난 것은 아담의 일이다.

아담이 이르되 이는 내 뼈 중의 뼈요 살 중의 살이라 이것을 남자에게서 취하였은즉 여자라 부르리라 하니라 창 2:23

예컨대, 아담이 하나님의 일하심에 감사했다든지, 동물의 이름을 지으면서 돕는 배필의 필요를 깨닫게 해주신 하나님을 노래했다든지 등의 이야기는 없다. 마치 일은 하나님이 다 하시고, 공로는 아담이 다 가져가는 것만 같다. 하나님은 그런 아담에게 일의 여지를 남겨두시며 다음과 같이 명령하신다.

이러므로 남자가 부모를 떠나 그의 아내와 합하여 둘이 한 몸을 이룰지로다 창 2:24

이제 아담은 하와를 맞아 가장 친밀한 관계로 들어가는 일을 스스로 수행해야 한다. 그러고 보면, 낙하 운동 중인 공도 비슷하다. 공이 떨어지는 동안 공 스스로는 거의 아무 일도 하지 않는다. 중력 혼자 열일하며 공을 움직이는 주체가 된다. 그러나 관찰자의 눈에는 중력이 안 보인다. 마치 공이 스스로 일하고 있는 것처럼 보인다.

여기에도 하나님의 미적 의도가 스며 있다. 참된 관계를 향하여 움직이는 것이 아름답다. 하나님이 처음부터 사람에게 홀로 있는 상태를 좋지 않은 것으로 해두셨기에 가능한 운동이다. 관계 결핍과 홀로됨이 이 운동의 에너지원이다. 돕는 배필을 향한 중력을 느끼기에 아담의 홀로됨은 불완전하다. 동시에 돕는 배필과의 연합은 창조주의 완전하신 계획이기에 아담의 홀로됨은 완전하다.

창조는 완성되었지만 또한 지속 중이기도 하고, 인간은 홀로 가만히 있으면서도 동시에 하나님의 일하심을 돕는 동역자로 나타난다.

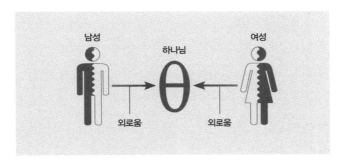

[그림3] 참된 관계를 향한 움직임

홀로 있으면 외롭다. 이것은 부정적이다. 그러나 동시에 긍정적이다. 창조주의 미적 의도를 따르고자 하는 에너지를 얻기 때문이다. 마치 높이 던져 올린 공이 낙하하려는 에너지를 얻듯, 홀로됨은 '둘이 하나'가 되려는 공동체성을 향해 중력을 느낀다. 이때 하나님의 창조 활동은 홀로 지내는 사람과 함께 지속된다.

성경은 사람과 동역하시며 '여백'을 함께 채워가시는 하나님의 '미'를 보여준다. 창조주께서 최초의 사람 주변에 불안정한 상태의 환경을 놓아두셨다.

홀로됨의 이중성

"여호와 하나님이 그 사람을 이끌어 에덴동산에 두어 그것을 경작하며 지키게 하시고"(창 2:15).

과제를 살펴보면 아담뿐만 아니라 세상도 혼자다. 에덴의 결핍이 엿보인다. '경작해야' 하는 세상이며, '지켜내야' 하는 상태다. 세상에도 아담만큼이나 여백이 있다. 완전치 않다. 이를 홀로 있는 아담이 채운다. 경작자와 보호자를 필요로 하는 세상으로 '혼자 있는 것이 좋지 않은 사람'이 나간다. 이 일은 하나님이 시키셨다. 지상의 대리 통치자로서 하나님의 의도대로 세상을 다스리는 역할이다. 그런데 여기에 또 하나의 과제가 등장한다. 앞서 다루었던 아담의 일, '돕는 배필'을 맞이해 '둘이 한 몸'이 되는 일이었다.

일전에 하나님은 아담에게 동물들을 이끌어주셨다. 그들에게 정체성을 부여하도록 의도하셨다.

"…아담이 무엇이라고 부르나 보시려고 그것들을 그에게로 이끌어 가시니 아담 각 생물을 부르는 것이 곧 그 이름이 되었더라"(창 2:19).

아담은 이 작은 과제를 수행함으로써, 나중에 하나님이

의도하신 곳으로 성장해나가게 되었다. 하나님께서 동물 이름 짓기에 이어 돕는 배필을 그에게 이끌어오셨다. 그러자 숙제를 잘 해온 아담은 학습한 대로 했다.

"아담이 이르되 이는 내 뼈 중의 뼈요 살 중의 살이라 이것을 남자에게서 취하였은즉 여자라 부르리라 하니라"(창 2:23).

창조주의 의도대로였다. 아담과 하와는 이제 '한 몸'이 되었고, 둘은 함께 경작하며 지키는 일을 수행함으로써 세상도 짝을 얻게 되었다.

인간 창조는 보기에 심히 '좋았다'(창 1:31). 이에 대한 히브리 성경 단어 '토브'의 의미를 살리자면, '선했다'. 동시에 인간의 상태는 홀로 있어 '좋지 않았다'(창 2:18). 여기에 창조 섭리가 들어 있다. 극과 극이 한 자리에 있다. 한쪽 끝에는 '홀로됨'이, 반대편 끝에는 '함께함'이 있다. 하나님은 홀로 계시고, 홀로 영광 받으시며, 태초부터 홀로 계신 완전자시다. 이에 반해 인간은 혼자 있는 게 좋지 않다(전 4:11,12).

'홀로'라는 표현 자체가 양극단을 포함한다. 하나님께는 선한 것이고 인간에게는 선하지 않은 것이다. 빛과 어둠, 평안과 불안, 백과 흑의 공존 같은 것이다. 그 의미를 성경의 앞부분에서 보여준다. 인간의 '홀로됨'은 '홀로' 계신 하나님과 동역하며, 하나님이 예비하신 믿음의 공동체를 향하는 방법이 된다. 신약에서도 하나님께 나가는 장소는 홀로 있는 골방이다(마 6:6). 홀로됨이란 하나님과 인간 사이에 놓인 다리와 같다. 인간이 하나님을 만나는 장소며 길이다. '홀로'의 신학적 의미가 여기에 있다.

휩쓸리지 마라

'홀로'의 반대말이 있다면 '함께'일 것이다. 일반적으로 혼자되면 누군가를 혹은 무엇인가를 의지하고자 하는 심리적 방향성이 커진다. 일종의 힘이 작용한다. 홀로됨에는 창조적 힘이 있다. 외로움이 다수결을 냈다. 인간은 홀로 완전하지 않은 존재로 지어졌다. 그래서 본능적으로 홀로 있기를 거부하며 공동체성을 추구한다. 홀로됨의 방향성이자 힘이다. 외로움이 씨앗이라면, 공동체성은 나무와 같다.

이것이 발전되어 홀로된 사람들끼리 모이면 흔히 말하는 '맨 파워'가 형성된다. 때로는 선과 악의 기준조차 다수결에 따르기도 할 만큼 강한 힘이 실린다. 외로움과 연결되어 있는 다수결에도 역시 좋은 것과 나쁜 것이 섞여 있다. 홀로됨이 선하면 맨 파워도 선해지지만 반대로, 함께 악을 추구하게 되면 추한 것이 된다. 함께 선을 추구하기도 하고, 반대로 악을 향하기도 한다. 마치 돈이 아니라 돈을 대하는 사람의 태도가 선악을 결정하는 것처럼, '홀로' 있는 각 사람들 상태의 선악이 다수결의 방향을 결정한다.

정치적 광신도들의 시대를 살았던 철학자 한나 아렌트의 한탄이 이를 잘 보여준다.

"외로움은 테러의 기반이다."

그래서 다수결이 무조건 선이 되는 것이 아니다. 김서택 목사는 그의 책 《박 넝쿨의 사랑》에서 선지자의 시대에 공동체가 악을 행하는 모습에 대해 이렇게 설명했다.

"이스라엘에서는 위에서부터 조직적으로 배교가 이루어졌습니다. 왕과 제사장과 선지자가 결탁하여 조직적으로 하나님의 말씀을 떠났습니다. 그러니까 백성 한 사람 한 사람은 배교를 하면서도 배교하는 줄 몰랐고, 죄를 지으면서도 죄짓는 줄 몰랐습니다. 모든 사람들이 그렇게 종교 생활을 하니까 그것이 맞는 줄 알고 넘어갔습니다. 하나님은 이들을 깨우치시려고 징계하셨습니다 … (그러나) 대부분의 사람들은 왜 그런 징계를 받는지 모른 채 '내 머리가 깨지나 하나님의 몽둥이가 부러지나 어디 한 번 해보자'라는 식이었습니다."

이처럼 다수결이 죄를 짓기로 결정하면 개개인은 죄 분별에 무감각해진다. 하나님의 말씀 법을 선과 악의 분별 기준으로 보는 것을 까맣게 잊어버린다. 이런 시대상을 잘 보여주는 역사 중 하나는 아합 왕의 시대였다. 모두가 함께 우상을 숭배하느라 말씀 기준을 놓쳐버린 때였다.

심리학자인 조던 피터슨은 공동체가 함께 악을 추구할 때, 개인이 어떻게 행동해야 하는지에 대해 다음과 같이 조언했다.

"어떤 행동이 그 행동을 정한 규칙의 목적을 훼손할 때는 따르지 마라. 그럴 땐 위험하더라도 합의된 도덕과 반대로 행동하라."

그렇다. 그리스도를 함께 따르기 위해 정한 규칙이 만약 그리스도를 따르는 데 장벽이 된다면, '합의된 도덕'을 반대해야 한다. 다만, 그렇게 하려면 큰 용기가 필요하다는 문제는 여전히 남는다. 다수에게 힘을 이미 이양한 개인은 실질적으로나 심리적으로나 다수보다 약하다.

진짜 홀로 선을 행할 수 있었다면 공동체에 소속될 필요 없이 신적 존재가 되어 '천상천하 유아독존' 같은 선언과 함께 모든 고통의 문제들을 초월하며 살 일이다. 하지만, 홀로 있는 것이 '좋지 않은' 상태로 지음 받은 인간이 '좋은' 상태를 추구했기에 이룬 사회다. 여기서 내린 결정이 있다면, 그것을 따르는 것이 반대하기보다 쉽다. 다수결과 반대로 행동하는 소수는 위험을 감수해야 할 것이다. 외톨이가 되어 취약해지고, 어쩌면 다수의 악에 편승하는 것보다 더 '좋지 않은' 상태로 전락하게 될지도 모른다.

여기서 질문이 또 생긴다.

'합의된 도덕이 하나님의 선이 아닐 때 하나님의 사람은 어떻게 해야 하는가?'

이 질문에 한 선지자는 다음과 같이 대답했다.

"내 말이 없으면 수 년 동안 비도 이슬도 있지 아니하리라"(왕상 17:1).

이제 이 선지자, 엘리야의 이야기를 들어볼 차례다.

하 나 님   앞 에   홀 로   서 다

PART

2

홀로된
이후

chapter 4

광야에서

나 홀로 반대

길르앗에 살던 디셉 사람 엘리야, 그는 세상이 싫어 버린 선지자였다. '나만 홀로 남았다'라는 말은 다수 앞에 홀로 맞서는 선지자의 외침이자 한숨이었다(왕상 18:22, 19:10).

아합 왕의 시대, 당시에는 우상 숭배가 다수의 길이었다. 거기서 엘리야는 홀로 다른 길로 갔다. 혼자서라도 우상 숭배를 그만둘 것을 권력의 중심에 외쳐댔다.

권력의 변두리에 선 선지자는 아무 힘이 없어 보였다. 그의 사역 스토리를 읽어나가다 보면 "'합의된 도덕' 따위 개나 줘 버려!"라는 식의 거친 반대의 목소리가 들리는 듯하다. 하지만 그에게는 사람들이 없었다. 이것은 세상을 향한 강한 어조에 어울리지 않는 왜소함이었다. 사회를 향한 그의 분노를 뒷받침할만한 어떤 정당이나 단체도 없이, 엘리야는 홀로 반대했다. 그의 주장은 맨 파워라고는 없던, 쓸쓸한 왕따에게 어울리지 않는 전력 반대였다. 홀로 남은 사역자의 말 치고는 어느 권력자의 것보다 더 거칠었다.

내 말이 없으면 수 년 동안 비도 이슬도 있지 아니하리라 하니라 왕상 17:1

일반적으로 기존 권력에 저항하려면 그만한 힘이 필요하다. 그래야 반대 후에 주어질 권력의 역공, 예를 들어 이단 사냥 따위의 공격에 대비할 수 있다. 다수결을 대놓고 반대하려면 그에 필적할만한 힘을 규합하는 것이 일반적 순서다.

선지자는 '정치 클래스 101'을 들어본 적이 없는 듯 했다. 엘리야는 하나님의 마음에 전염된 개인이었고, 하나님의 법이 선지자에게는 다수결보다 먼저였다.

엘리야는 맨 파워 없이도 당당했다. 그의 소견은 확실했다. 사견이 없었기 때문이다. 그에게는 자신만의 정견 같은 것이 없었기에 '홀로'라는 연약함이 없었다. 선지자는 그저 창조주의 말씀에 매여 살았고, 말씀의 눈으로 이스라엘이 하나님을 떠나는 것을 지켜보았다.

시선의 중심에 아합이 들어왔다. 그는 하나님을 배반하고 선조들의 경고를 무시한 왕이었다. 선지자는 이스라엘을 되찾으시려고 홀로 애쓰시는 하나님의 마음을 살피며 의분에 사로잡혔다. 그래서 기도했다.

> 엘리야는 우리와 성정이 같은 사람이로되 그가 비가 오지 않기를 간절히 기도한즉 삼 년 육 개월 동안 땅에 비가 오지 아니하고 약 5:17

야고보서 말씀에 의하면 엘리야의 호소는 사람들 앞이 아니라, 먼저 하나님을 향했다. 그는 특정 기간 동안 비가 오지 않기를 호소했다. 아니, 비뿐만 아니라 '이슬조차' 내리지 않는 대거근을 선포했다.

엘리야를 살펴보다 떠오른 신앙의 선배가 있다. 종교개혁자 마틴 루터다. 그 역시 '합의된 도덕'이 악을 행하며 하나님의 법을 무시하는 시대를 말씀의 눈으로 지켜봤다. 그 역시 의분에 사로잡혔다. 종교개혁 3대 논문으로 불리는 글인《그리스도인의 자유》헌정사를 통해 루터는 당시의 교황에게 이렇게 전했다.

> "저는 좋은 그리스도인들이 당신의 이름 안에서, 그리고 로마 교회라는 구실로 조롱당한다는 사실에 대해 대단히 분노하게 되었습니다. … 로마의 교회는 가장 제멋대로 날뛰는 강도들의 소

굴, 모든 형제들 가운데서도 가장 파렴치한 이들의 소굴, 죄와 죽음의 왕국, 바로 지옥이 되었습니다. 적그리스도조차도, 만약 그자가 온다면, 그 사악함에 더 보탤 것이 없다고 생각할 수 있을 정도로 너무나 나쁩니다."

논문의 서문에서 자신을 일개 '수도사'라고 밝혔던 루터는, 자신이 당시의 로마 교회 전체에 대해 화가 났음을 감추지 않았다. 그는 현실 권력을 두려워할 줄 모르고 공격적으로 소리쳐대는 선지자 같았다. 권력의 핵심 시스템을 '지옥' 그리고 핵심 리더십에게 '적그리스도의 방문'과 같은 자극적인 말을 내뱉는 데 주저함이 없었다.

[그림4] 엘리야 선지자가 홀로 남은 모습

강력한 분노가 향한 곳

다시 엘리야 이야기로 돌아와 보자. "비도 이슬도 있지 아니하리라"라는 외침은 자의적이었고 거칠었다. 그는 분명 '여호와의 말씀'이라는 근거를 말하지 않았다. 그저, '내 말이 없으면'이라고 선포했다(왕상 17:1). 다시 야고보서의 해석을 봐도 그렇다. 비도 이슬도 내리지 않던 오랜 대기근의 근거는 하나님의 말씀이 아니었다. 엘리야의 기도였다(약 5:17). 말하자면, 하나님이 엘리야에게 "앞으로 수년 동안 비도 이슬도 없을 것이라고 선포하거라"라고 명령하신 것이 아니었다. 엘리야가 자신의 말을 한 것이었다. 하나님은 엘리야의 요청대로 하셨다. 날씨가 바뀌었다. 그럼으로써 엘리야의 말이 하나님의 뜻과 부합됨을 보여주셨다.

질문은 여전히 남는다. 선지자는 자의가 없는 존재다. 하나님이 선지자의 말을 뒤따라주셨다는 것은 말이 안 된다. 하나님의 사람이 직접적 말씀의 출처도 없이 자의로 비를 막았다니, 먼저 나댔다니, 아니 애초에 왜 그렇게 선포했는지부터 궁금하다.

그래서 다시 읽어보았다.

"비도 이슬도 있지 아니하리라"(왕상 17:1).

비뿐만이 아니었다. 이슬도 없애버렸다. 엘리야의 분노가 느껴진다. '화가 나더라도 웬만큼 하지, 그래도 이슬은 남겨

두지 그랬어'라는 생각이 든다. 이슬마저 없어진다면, 곤충이나 벌레들까지 다 죽는 것 아닌가 싶어서다. 아합 왕과 우상 숭배자들만 고생하면 될 일이 아니었을까? 대체 그는 왜 그랬을까?

그런데 이 구절을 잘 살펴보면 성경은 이 분노가 누구를 향한 것인지 명시해준다.

"엘리야가 아합에게 말하되"(왕상 17:1).

아합이 선지자를 분노하게 만드는 어떤 행동을 했음을 짐작할 수 있다. 그렇다면 아합이 누구인지 먼저 살펴볼 필요가 있다. 그는 어떤 인물이었는가? 아합 왕이 어떤 인물이었는지는 엘리야가 등장하기 직전, 성경이 설명한다(왕상 16:29-34). 아합은 북 이스라엘의 7대 왕으로 22년간 통치했다. 그런 아합에 대해 성경은 한 줄로 평가한다.

"그의 이전의 모든 사람보다 여호와 보시기에 악을 더욱 행하여"(왕상 16:30).

인상적이다. 그는 하나님의 눈에 악인이었다. 악인들 중에서도 악인이었다. 성경은 그 이유를 네 가지로 설명한다.

1. 죄를 가볍게 여기다

'미원'이 조미료의 대명사였다면, '여로보암의 죄'는 죄목의 대명사다. 이는 구약성경이 보여주는 죄에 대한 관용구들 중

하나다.

느밧의 아들 여로보암의 죄를 따라 행하는 것을 오히려 가볍
게 여기며 왕상 16:31a

원래 이스라엘은 하나였다. 그러나 솔로몬의 죄가 반복되
며 나라는 두 동강이 났다. 그때 하나님은 이스라엘의 열두
지파 중 열 지파를 통해 새 나라를 이루게 하셨다. 이것은 하
나님이 주신 두 번째 기회 같은 것이었다(왕상 11:30-38).
이때 하나님이 여로보암 왕에게 어떻게 통치할 것을 말씀
해주셨다. 그가 하나님을 왕으로 섬기는 한, 그 역시 왕의 역
할을 수행할 수 있었을 것이었다. 하지만 그는 말씀을 거역
했다. 눈앞의 권력에 눈이 멀어 하나님을 배반하고 더 많은
사람들이 좋아하던 금송아지를 섬겼다(왕상 12:27-30). 마치
아담이 죄의 기원이 되었듯, 그는 이스라엘 왕들이 지속해서
하나님을 떠나는 일의 원조가 되었다.
엘리야가 분노의 대상으로 지목했던 아합은 '왕'이었다. 이
스라엘의 역사를 누구보다 잘 아는 직위의 사람이었다. 여로
보암 왕 이후 이스라엘이 어떻게 되었지 누구보다 자세히 기
억하고 있었다. 그럼에도 아합 왕은 여로보암의 죄와 같은
일들을 반복했다. 그는 지식에 걸맞은 행동이 없는 왕이었

다. 하나님의 법을 경시하며 금송아지 바알 신을 경배했다. '모르고 지은 죄'가 아니었다. 하나님께서 말씀으로 금지하셨고, 역사의 교훈으로도 경고된 죄였다. 아합 왕은 그것이 분명히 죄인 줄 알면서도 그 죄를 반복했다. 의도적이었다.

2. 우상을 들여오다

아합이 들여온 왕비는 바알 광신도였다. 불법을 행하는 왕은 자신의 권력을 그녀에게 팔아넘겼다. 하나님의 사람이어야 할 왕과 하나님의 백성이어야 할 이스라엘의 실권자가 바알 숭배자가 되도록 했다.

> 엣바알의 딸 이세벨을 아내로 삼고 가서 바알을 섬겨 예배하고 왕상 16:31b

하나님의 나라를 통치하는 하나님의 사람에게는 하나님이 왕이어야 합법이다. 아합은 불법을 행했다. 하나님을 왕으로 대하지 않았다. 그 대신 자신의 정치권력을 왕으로 대했다. 우선순위에 하나님이 존재하지 않았다. 각자 자기 소견에 옳은 대로 행했던 사사 시대의 모습 그대로였다. 사견(私見)을 하나님의 말씀보다 더 높였다. 1계명부터 무시했다(출 20:3). 우상 숭배하는 죄를 우습게 여겼다. 이웃 나라 시돈과 정략적 사돈 관계를 의도적으로 맺은 것으로는 부족했다. 침대 정치를 했다. 아합 왕은 바알을 자신의 하나님으로 삼아 함께 섬겼다. 새로운 왕비의 우상을 자신과 온 나라의 새로운 하나님으로 섬기게 했다.

바알 광신도 왕비의 이름은 '이세벨'(바알과 함께한 자의 딸)이었다. 아합은 이스라엘을 바알의 수하로 전락시켜버렸다. 이스라엘로 하여금 '바알과 함께한 자의 딸'이 되게 했다.

3. 바알 신전을 건축하다

아합 왕은 이와 같은 죄를 행하기에 조금의 주저함도 없었다. 그는 의도적일 뿐만 아니라 적극적이었다. 죄의 대명사였던 여로보암 왕보다 더 심했다.

전에 여로보암 왕은 하나님을 대신하는 바알 신상 두 개를 세웠다. 그런데 아합 왕은 아예 신전을 지었다. 하나님을 예배해야 하는 장소를 우상 숭배의 터로 바꿔버렸다.

거기서 아합 왕은 우상 숭배자들의 모범 사례 같은 것이 되었다. 자신이 쌓아올린 새 신전에서 바알을 숭배했다. 그의 우상 숭배는 막을 길이 없었다.

거기에 덧붙여, 아세라(가나안 지역에서 바알 신의 아내 신이라 추앙받던 존재) 목상도 세웠다. 그는 죄짓는 일에 열정과 성의를 다했다.

4. 하나님을 분노하시게 하다

하나님께서 가장 싫어하시는 것이 우상 숭배다. 아합은 이를 알고 있었음에도 의도적으로 우상 숭배를 진행했다. 하나님은 그를 그대로 두지 않으시고, 그에게 경고하셨다.

하나님은 이전에 여호수아를 통해 우상 숭배의 결과를 말씀하셨다. 그중 하나가 여리고 성 재건축의 저주였다(수 6:26). 아합은 우상 숭배의 과정에서 하나님의 말씀 경고들을 모두 무시하고, 여기에 요새를 건축했다. 그 결과 충분한 교훈을 얻을 수 있을 사건을 겪었다. 약속대로 여리고에 저주가 임했다(왕상 16:34). 하나님의 약속은 변하지 않는다.

그러니 이쯤에서 아합은 불법을 그만둘 수 있었다. 돌이켜 회개할 수 있었다. 그러나 슬프게도, 그는 기회를 붙잡지 않았다. 아합은 변함없었다. 고집스럽게 우상 숭배에 전념했다. 그는 바꿀 생각이 전혀 없었다. 이세벨과 한통속이 되어, 바알의 제사장들과 아세라의 제사장들을 고용해서 우상 숭배를 이스라엘에 공격적으로 실행했다.

몰라서 죄를 짓는 사람은 바보 같다. 그러나 알고도 죄를 짓는다면 그는 간사한 사람이다. 회개의 기미가 없는 거만한 사람이다. 그의 죄는 지독한 것이었다.

이쯤 되면 엘리야 선지자의 의분이 개인만의 것이 아니었음을 알 수 있다. 그의 감정에 실린 선포는 사견이 아니었다.

하나님의 분노가 선지자의 심정을 쪼개고 지나가며 터져 나온 공감의 선포였다. 선지자의 마음에 하나님의 마음이 비치고 있었다.

> 길르앗에 우거하는 자 중에 디셉 사람 엘리야가 아합에게 말하되 내가 섬기는 이스라엘의 하나님 여호와께서 살아 계심을 두고 맹세하노니 내 말이 없으면 수 년 동안 비도 이슬도 있지 아니하리라 하니라 왕상 17:1

만들어낸 비의 신, 바알

그렇다면, 선지자의 독한 분노는 왜 하필 날씨를 겨냥했을까? 이스라엘이 불타오른다든지, 이웃 나라가 쳐들어와서 사람들을 심판하는 방법도 있지 않았을까? 혹은 아합 왕이 죽을병에 걸리게 하거나 이스라엘을 물리적으로 심판해달라는 요청도 얼마든지 가능했을 것이다. 그러나 선지자는 굳이 '비'를 막아섰다.

다 이유가 있었다. 날씨는 바알 신앙과 깊은 관계가 있었기 때문이다. 바알 신은 가나안 지역의 농사 신이었다. 가나안 지역은 건기와 우기가 뚜렷하게 나뉘어졌다. 그래서 가나안의 농부들은 날씨를 숭배했다. 처음에는 날씨 자체를 숭배했지만, 숭배 대상이 불분명하게 보였다. 보다 더 눈에 띄고,

손에 잡히는 '날씨님'(ATG: A Tangible God)이 필요했다.

그들 주변에서 가장 ATG에 가까운 것은 '소'였다. 좋은 날씨의 결과 소가 살찌고, 건강한 소가 배변을 하고 지나간 자리에서 농작물이 잘 자라고 다른 가축들도 벌레를 잡아먹으며 풍성해졌으니 이보다 더 좋은 ATG감은 없었다. 이왕이면 풍요와 부의 상징인 황금으로 소를 만들었다. 황금송아지, 바알의 탄생이었다.

그들이 만든 신앙은 한동안 별 문제가 없었다. 그러나 시간이 지나면서 조금씩 의문이 생겼다. 그들에게 필요한 날씨는 두 가지였다. 건기와 우기. 사람들은 바알에게 비를 내려 달라는 제사를 드리곤 했다. 문제는, 바알이 충분히 강하다면 왜 통계에서 벗어나는 가뭄이 찾아오는 일이 생기는지에 대한 의문이었다. 이때 사람들은 미신을 업그레이드했다. 바알이 혼자 날씨를 다 주관하는 것보다는 중간자가 있으면 더 좋겠다는 아이디어가 생겼다. 그때 가나안인들은 아세라 여신을 만들었다. 그리고 바알 신의 아내 신이라는 정체성을 부여했다.

고대 가나안 사람들의 사고방식은 여신에게도 그대로 반영되었다. 당시는 아이를 많이 낳아야 농사 지을 노동력이 풍성해지는 사회였다. 그래서 아세라는 색욕이 가득한 여신이어야 했다.

가나안인들은 만들어낸 미신을 정교화했다. 아세라가 바알을 유혹해서 잠자리를 함께해야 바알의 정액이 비로 내린다는 논리를 만들었다. 그래야 편했다. 가나안인들은 날씨를 통제해서 풍요롭게 살고 싶었다. 문제는 날씨를 통제할 방법이 없다는 것이었는데, 자신들이 만들어낸 미신을 믿기만 하면 불안할 것이 없었다.

영리한 가나안인들은 날씨에 영향을 끼치기 위해 자신들이 할 일을 가시화 했다. 그들이 세운 아세라 여신을 성적으로 흥분시켜 바알 신에게로 들어가도록 유도하는 일이었다.

이제 미신 정교화 작업은 마지막 단계를 향했다. 가나안인들은 아세라를 숭배하는 어리고 예쁜 여제사장들을 세우고, 바알을 숭배하는 젊고 잘생긴 남제사장들을 세워 함께 제사하게 했다. 그들의 목적은 아세라의 성적 흥분이었고, 이를 위한 제사 방법은 공개적 집단 혼음이었다. 이를 건기와 우기 사이의 경계에서 1주일 내내 진행하게 했다. 또한 농사 짓는데 중요한 시기들인 파종기와 추수기, 그리고 병충해들이 발생하는 시기 직전과 직후에도 실행했다. 이런 식으로 가나안인들은 스스로 만들어낸 신앙을 증명했고, 마치 그들이 날씨를 주관하는 것처럼 보였다.

항거자들의 침묵

죄는 점진적이었다. 어느 날 갑자기 일어난 현상이 아니었다. 처음에는 증오였던 것이 나중에는 살인이 되고, 처음에는 음란한 생각이었던 것이 나중에는 외도로 나타난다(마 5:21-28).

만약 여호수아 세대가 100퍼센트 순종하기만 했어도 바알 신앙은 멸종되었을 것이다. 그들이 '진멸하라'라는 하나님의 명령에 복종했다면 가나안 지역의 우상들도 가나안인들과 함께 사라졌을 것이다(신 20:17). 그런데 아쉽게도 여호수아 세대는 가나안인들을 일부 남겨서 노예로 부렸다. 거기서 바알 신앙마저 함께 살아남아 이스라엘을 오염시키는 출발점이 되었다.

아니, 여호수아 세대만의 문제가 아니다. 만약 모세의 세대에 불평이 없었다면, 아브라함과 야곱과 이삭의 시대가 거룩했다면, 혹은 노아 시대의 세상이나 가인의 세대가 회개했다면…. 이렇게 거슬러 올라가면, 결국 죄의 출발점에 에덴에서의 불순종이 나온다. 아담이 등장한다.

이런 죄의 역사를 떠올려보면 무기력해진다. 이것은 어떤 사회나 한 개인이 감당할 수 없는 무게다. 조류에 휩쓸려 좌초된 배가 가라앉고 있는데 무기력하게 조타실에 앉아 있는 선장과 같다. 절망적이다. 돌이킬 수 없이 망해버렸다. 온 세상이 전 역사를 등에 업은 채 다함께 달려들어 하나님을 거스르고 있다. 그 앞에서 의분을 가진다 한들 개인이 무엇을 바꿀 수 있을까? 온 세상과 전 역사가 다 한통속이 되어 하나님께 저항하며 하나님이 싫어하는 것만 골라서 좋아하고 있는데, 이걸 바꿀 능력이 누구에게 있을까? 모르고도 죄 짓고, 알면서도 죄 짓는 세상. 죄의 다수결에 항거할 능력이 없음을 알며 거룩한 이들조차 침묵하는 시대였다.

하나님의 말씀을 따르는 자들은 다 어디로 갔을까? 죄는 다수결로 진행 중인데, 죄를 싫어하는 사람들은 소수라도 있기는 한 것인지, 도통 보이질 않는다. 우상 숭배로 하나가 된 시대의 수면 아래 어딘가에서 겨울잠에라도 빠져 있는 것일까?

정치적 폭압의 불운

최신 효과(Recency Effect)였던 것 같다. 신학생 때 독후감 과제로 제출했던, 루터의 종교개혁 3대 논문 중 나의 최애작은 마지막 《그리스도인의 자유》였다. 엘리야의 의분을 보며 자꾸 그 책의 말들이 떠오른다.

"그러나 그 청지기의 직분(목회자와 사제들)은 이제 너무나도 커다란 권세의 표현으로, 또 너무나도 끔찍한 폭압으로 진행되어왔기 때문에, 어떤 이교의 제국이나 어떤 다른 지상적 권력도 그것에 비교될 수가 없습니다. 이는 마치 평신도들이 그리스도인들이 아니기라도 한 듯합니다. 이런 왜곡을 통해서 그리스도교적 은혜, 믿음, 자유에 대한 지식, 그리고 그리스도 바로 그분에 대한 지식이 다함께 소멸되어왔습니다. 그래서 그런 것들은 인간의 행위와 규례라는 견딜 수 없는 속박에 의해 탈취되어왔습니다. 예언자 예레미야가 애통해하듯이, 우리가 세상에서 가장 악독한 사람들의 종이 되기까지 말입니다. 그자들은 우리가 그들의 뻔뻔한 뜻과 기반만을 떠받들도록 우리의 불운을 오용합니다."

무려 천년 가까이 다수결로 지속해온 미신 권력에 반대하는 주장이었다. 일개 수도사가 이를 라틴어로 기록해 당시 권력에 보냈고, 다시 독일어로 펴내면서 다수결 아래 침묵 중인 사람들에게 알렸다.

엘리야는 자신이 혼자라고 했다. 이는 오랜 시간 정교화 작업을 거친 전 사회적이고도 역사적이었던 미신 앞에 선 무력감의 표현이기도 했다(왕상 19:10). 그러나 루터의 글만 봐도 엘리야는 혼자가 아니었다. '아우구스티누스 수도회의 수도사인 마틴 루터 본인이'라고 소개했던 비권력자, 아직 종교개혁이 주류가 아니었던 때에 의분을 주저 없이 공개했던 이도 엘리야처럼 홀로 있었다.

더 둘러보면 그 두 사람만도 아니었다. 엘리야 당시만 해도 7천 명이 남아 있었고, 그밖에도 하나님께서 남겨둔 자들의 이야기는 성경에 가득하다(왕상 19:18, 히 11:7-40). 그들의 말은 성경으로 세상에 공개되어 있고, 그들 앞에 나는 숙연해진다.

그저 미신에 동조하지 않기 위해 침묵만 해도 다행일 것 같다. 다수결에 대한 무분별한 동조를 쉽게 생각하는 사람들이 다수를 이룬 세상이다. 나도 그들 사이 어딘가에서 사는 것 같다.

확고한 진리와 거침없는 소명으로 침묵하지 않았던 사람들 앞에 생각이 멈춘다. 여기까지만 쓰고 노트북을 덮어두고 싶다. 나도 '홀로' 기도실에 좀 다녀와야겠다.

"불의를 행하는 자는 그대로 불의를 행하고 더러운 자는 그대로 더럽고"(계 22:11).

논문 헌정사 중 루터가 인용했던 말씀을 생각하며.

chapter 5

홀로
남았던
선지자

사람이 여호와의 구원을 바라고 잠잠히 기다림이 좋도다
사람은 젊었을 때에 멍에를 메는 것이 좋으니 혼자 앉아서 잠잠할 것은
주께서 그것을 그에게 메우셨음이라

예레미야애가 3:26-28

홀로 남았던 목사

상담 중 한 청년에게 말실수를 한 적이 있다. 위로와 격려가
필요한 영혼에게 질타와 대안을 던지며 상처를 남겼다. 그는
'곧장' 교회 모임에 나오지 않았다. 나는 이 문제를 해결하려
고 '곧장' 그를 찾아갔다. 뇌를 거치지 않은 말들이 나왔다.
의분에 사로잡힌 정답들을 화살처럼 쏘아 맞혔다. 예수님이
아닌 궁수를 만난 양은 깜짝 놀라 교회를 떠났다.

이 일이 오랫동안 후회가 되어 조심하기로 했다. 그러다
너무 조심해서 또 문제가 되었다. 교회 리더십에게 돈 문제가
생겼는데, 일방적으로 답을 쏘아주면 안 될 것 같아서 3개월
이나 숨죽여 기다렸다. 그때 나는 해야 할 말을 제대로 전하
지 않았다. 그가 쉽게 상처받고 떠날까 봐 조심했다. 회개를
요청했다가는 상처받을까 봐 심방을 차일피일 미뤘다. 가끔

문자로 위로와 격려 속에 우회적 조언을 담아 보내며 회개를 요구했다. 그러나 임시방편은 오래가지 못했다. 예수님이 아니라 언 발 위의 오줌을 만났던 그 역시 얼마 뒤 교회에서 사라졌다. 또 후회되었다.

기도 골방에 엎드린 나는 홀로됨에 서러웠다. 되는 일이 하나도 없었다. 외로웠다.

이런 일화는 이 두 개가 전부가 아니다. 200개도 넘는다. 후회투성이다. 지금도 잘 되는 일이 거의 없다. 차라리 아무것도 하지 않는 것이 최선인 것처럼 보이기까지 할 정도다. 하여간 내가 나서면 일만 커진다. 어떤 문제를 해결하려고 행한 일이 더 큰 문제가 되어 돌아오곤 했다.

어려운 일이 생길 때마다 문제를 향해 뛰어다녔던 일들이 후회된다. 두 팔, 두 다리를 다 걷어붙이고 문제 해결을 위해 동분서주하는 대신 기도를 했다면 좋았을 텐데 말이다. 그랬다면 문제의 핵심이 문제에 있지 않다는 단순한 사실을 좀 더 일찍 알았을 것이다.

나는 주로 홀로되고 나서야 기도를 시작한다. 그럴 때면 목소리가 곱지 않다. 분노하며 따진다.

"이게 다 하나님 때문이 아닙니까? 괜히 능력 미달의 인생을 불러 세워 영혼들을 맡기시는 바람에 이런 사단이 나는 것 아닙니까! 애초에 왜 이런 일을 시키셨습니까!"

나는 정당한데 하나님이 부당한 것 같을 때가 있다. 교회 개척을 시키셨으니, 나는 이 일을 할 만한 사람이어야 했다고 주장할 때다.

그렇게 화내다 보면 교회가 다 나의 적이 된 것만 같았다. 교회를 떠난 영혼들뿐만 아니라, 남은 사람들도 다 한통속 같았다. 언젠가는 다 하나님을 등지게 될 것만 같았다. 나는 있지도 않은 일에 화를 내기 시작했다.

"교회가 왜 이 모양입니까? 거룩한 사람이 하나도 없어요! 하나님께 헌신한 사람이 아무도 없어요! 비전을 이뤄보겠다는 이는 나만 홀로 남았잖아요!"

외치다 보니 진실이 아니었다. 내가 외치는 소리에 내가 놀랐다. 진실이 아닌 말을 내뱉어서도 그렇지만, 어디선가 많이 들어본 말이어서.

"나만 홀로 남았더니…."

하필이면 왜 엘리야 선지자의 외침을 따라 했을까? 곤충이나 돼지의 말을 따라 했어야 수준이 맞을까 말까 한 죄인이. 제정신이 아닌가 보다. 그나저나, 엘리야 같은 탁월한 선지자가 왜 홀로 남았다는 것인지 궁금해져 기도 자리에서 성경을 펼쳤다. 그리고 엘리야의 의분 앞에 하나님이 하셨던 일들을 다시 읽기 시작했다. 날씨까지 쥐락펴락하는 의분의 선지자, 능력의 엘리야의 다음 행보를 따라가 보기로 한다.

의분의 선지자, 잠수하다

아합 왕을 향해 쏘아붙인 의분의 말은 하나님 존전에 올린 기도이기도 했다(약 5:17). 이후 48개월이나 비도, 이슬도 사라진 대기근이 시작되었다. 이적이었다. 그 앞에 우상 숭배를 앞세운 다수결의 폭압은 힘을 잃었다. 통쾌한 전개다. 두근두근, 선지자의 다음 행보가 기대된다. 이제 왕과 왕비 앞으로 달려가 심판을 선포할 일만 남았다. 서둘러 다음 구절로 넘어가 보니 하나님의 말씀이 임했다는 기록이 나온다.

여호와의 말씀이 엘리야에게 임하여 이르시되 왕상 17:2

나는 이 대목에서 무릎을 탁 쳤다. 그리고 생각했다.

'그렇지! 이제 하나님께서 엘리야를 다수결의 악, 합의된 도덕의 악의(惡意) 앞에 우뚝 세우시겠지? 역시, 우리 하나님은 능력자셔! 한 사람의 왜소함이라도 괜찮지! 하나님이 함께하시기만 한다면 누구라도 세상을 이길 수 있는 능력을 보이겠지!'

큰 기대를 가지고 다음 구절을 살펴본다.

너는 여기서 떠나 동쪽으로 가서 요단 앞 그릿 시냇가에 숨고 왕상 17:3

'아니! 뭐라고? 숨으라고? 아합 왕 앞으로 가는 게 아니고? 왜?'

의외다. 엘리야는 나와 달리 궁금해하지도 않는다. 그저 하나님의 명령대로 행한다. 그는 그릿 시냇가로 간다. 거긴 외지고 별 볼일 없는 곳이다. 능력의 선지자와 어울리지 않는 장소다. 조그만 흙탕물 실개천 하나가 쫄쫄 흐르는 곳이다.

"물 들어왔을 때 노 저으라"라는 말이 있다. 엘리야 선지자에게도 기회가 왔다. 지금 나서서 왕의 대로를 막아서도 될 상황이다. 선지자의 말대로 하늘이 움직였다. 자연도 복종하는 능력을 세상에 보였으니, 이제 나가서 회개를 선포하고 심판을 실행할 차례다. 그러나 하나님의 뜻은 다르셨다. 물 들어왔을 때 잠수타게 하셨다. 조용히 홀로 지내야만 하는 변방 그늘진 곳으로 가라고 명령하셨다.

선지자는 사견이 없었다. 애초의 소명을 재고하지도 않았고, 기사와 이적에 으쓱하지도 않았다. 말씀을 들은 그대로 정확히 따라갔다.

그가 여호와의 말씀과 같이 하여 곧 가서 요단 앞 그릿 시냇가에 머물매 왕상 17:5

선지자의 순종은 거기에 그치지 않았다. 심지어, 숨어 사는 동안 부정한 짐승인 까마귀에게 얻어먹으며 지내라는 명령에도 그대로 순종했다.

> 그 시냇물을 마시라 내가 까마귀들에게 명령하여 거기서 너를 먹이게 하리라 … 까마귀들이 아침에도 떡과 고기를, 저녁에도 떡과 고기를 가져왔고 그가 시냇물을 마셨으나
>
> 왕상 17:4–6

이것은 엘리야의 다음 행보를(어쩌면 모세처럼 왕을 찾아가 담판을 짓거나, 니느웨에 심판을 선포했던 요나 선지자처럼 우상 숭배자들에게 저주를 선포하는 일을) 막아서시는 하나님의 말씀이었다. 엘리야는 하나님의 잠수 명령에 아무것도 하지 않는 상태로 깊이 잠수해 들어갔다.

거룩한 잠수, 안식

잠수에도 거룩한 것과 더러운 것이 있다. 하나님의 명령을 따라 하나님과 함께할 때에야 잠수도 거룩해진다. 이것을 표현하는 성경 용어는 '안식'이다. 하나님은 6일의 창조 후 7일째에 '안식'하셨다. 창조를 마치신 다음 하나님은 모든 일을 멈추셨다.

안식은 일을 멈추는 것이다. 그 덕에 인간은 태어나자마자

아무것도 하지 않는 '일'부터 해야 했다. 아담과 하와의 입장에서 보자면 인생 최초로 수행한 하나님의 일이 '쉼'이었다. 생기를 불어넣어주신 분과 함께 지내기 위해 아무것도 하지 않는 일이 인간 최초의 임무였다.

하나님이 창조하신 세계를 경작하며 지키는 일 역시 하나님의 명령이다. 돌봐야 할 세상은 넓고 하나님과 함께 이어나가야 할 남은 창조의 사역은 많다. 그러나 이 모든 일에 거룩한 잠수가 선행했다.

안식은 자칫 일이 많아지면 잊기 쉬운 일이다. 그러나 잊어서는 안 되는 하나님의 일이다. 성경은 '경작하며 지키는 일'의 엔트로피(혼돈)가 본격적으로 상승하기 시작했던 출애굽 세대에게 안식의 명령을 가시화하셨다.

안식일을 기억하여 거룩하게 지키라 출 20:8

그리고 그것을 잊지 않도록 도우셨다.

안식을 명령하신 하나님이 이번에는 능력의 선지자에게 같은 명령을 주셨다. 거룩한 잠수의 길로 안내하셨다. 장소와 방법까지 준비하신 세밀함을 보여주셨다.

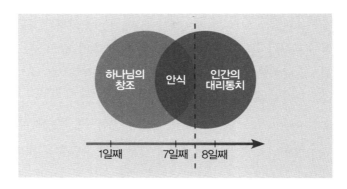

[그림5] 창조의 일

　엘리야에게 하나님이 준비하신 안식의 방법이 있었다. 그릿 시내와 까마귀였다. 둘 다 수준이 떨어진다. 하나님의 대리인에게 어울리지 않는 싸구려들이었다. 그릿 시내는 곧 말라붙어 없어질 실개천이었고, 음식은 하필 까마귀가 물어다 주었다.

　까마귀의 일이 기적이긴 했다. 한낱 날짐승이 매일 아침과 저녁으로 떡과 고기를 물어다 날랐으니 말이다(왕상 17:6). 한두 번은 우연일지 모르나, 매일 지속된 이 일은 하나님의 역사였다.

자존심이 통하지 않는 곳

　잠시 '떡과 고기'에서 빠져나와 '까마귀'가 어떤 존재인지 생각해보자. 초라하지 않은가? 창조주께서 하실만한 웅장한 일이 아니다. 심지어 어떤 동물원 사육사에게 부탁했어도 그보다는 훌륭했을 것이다. 예를 들어, 호랑이나 사자가 머리를 조아리며 음식을 매일 물어다 주었다면 더 멋지지 않았을까? 외모만 문제가 아니다. 하나님의 사람들에게 까마귀는 더러운 동물이었다. 레위기에서 부정한 짐승으로 규정하고 있으니 말이다(레 11:15).

어차피 대기근이 왔는데 물을 먹는 것만 해도 어딘가? 그 릿 시내 흙탕물을 떠먹고 지내는 것은 그렇다 치자. 하지만 까마귀에게 얻어먹으며 지내라는 것은 구약 시대 문화 코드를 따르자면 더러운 일이었다. 그럼에도 순종하려면 최소한 자존심은 버려야 했을 것이다. 바꿔 말해, 까마귀가 물어다 주는 것으로 연명하며 살려면 '나는 까마귀 보다 낫다'는 줏대가 없어야 했다.

얻어먹는 것이 가지는 의미를 조금 더 생각해보자. 예를 들어 후배와 밥 먹을 일이 있다면 주로 선배가 계산한다. 동양의 문화 코드는 더욱 그렇다. 만약 밥 살 돈이 없다면 선배는 굳이 후배에게 밥 먹자는 제안을 하지 않을 것이다. 상상해보라. 만약 후배에게 계속 얻어먹는 선배가 있다면? 그의 평판은 떨어지게 될 것이다. 하찮은 존재로 전락하고 말 것이다.

선후배 관계에서도 이런데 부정한 짐승과 능력의 선지자 사이는 더 멀었다. 뭐, 한두 번은 눈감아줄 수 있다. 그런데 기약도 없이 매일 까마귀를 통해 연명한다면 어떻겠는가?

까마귀의 존재도 문제이지만 그가 물어오는 음식도 넘어서기 어려운 문제다. 일단 의심이 간다. 아무리 '떡과 고기'라지만 어디서 가져왔는지 알 길이 없다. 아무리 급해도 요강에 국 떠먹을 수는 없는 노릇이다. 선지자는 까마귀를 보면서 평소 동물 사체들 사이를 오가는 짐승이라는 생각을 한번은 해보지 않았을까? 이것은 그저 여느 음식점 요리사의 손이 깨끗한가 더러운가 하는 수준 정도가 아니다. 음식 제공자는 인간이 아니다. 까마귀가 요리사다, 까마귀!

성경 맥락 살피기

성경을 읽는데 엘리야에게 감정이 이입된다. 만약 내가 그 자리에 있었다면, 정말 비참했을 것 같다. 좌절, 불안, 외로움, 소명에 대한 의심, 조바심, 자괴감…. 나라면 그랬다. 온갖 부정적 감정이 몰려왔을 것 같다. 군대 생각도 난다. 훈련소 기억이다. 화장실에서 몰래 초코파이를 먹다가 갑작스런 허탈감에 빠졌던 신병 시절마저 떠오른다. 까마귀라니, 불편하다.

'하나님의 사람이 체면이 있지…, 아무리 얻어먹을 데가 없

어도 그렇지…, 까마귀에게 빌붙어 살 정도는 아니지….'

물론 당시 엘리야 선지자의 심경이 성경에 나오는 것은 아니다. 성경은 당시의 사실 정황만 보여준다. 그러니 '나라면?'이라는 생각을 해보기가 더 쉽다.

엘리야의 심경을 아주 모를 일도 아니다. 그의 감정이 궁금하다면, 제공된 사실들 사이의 맥락을 살피며 상상해볼 수도 있다.

'까마귀에 대해 선지자가 어떻게 생각했을까? 그 역시 나처럼 불편했을까?'

궁금해서 맥락을 살펴보기로 했다. 이럴 때 내가 하는 일은 다음 3단계의 분석이다.

Step 1. 포인트 만들기

우선 질문과 관련된 사건을 출발점으로 해서 또 하나의 의미 있는 사건을 살펴본다. 마치 두 개의 깃발을 꽂는 일을 하는 것과 같다.

첫 번째 깃발은 까마귀에게 얻어먹는 일에 꽂아두고, 두 번째 깃발을 어디에 꽂아야 할지를 찾으며 뒷부분을 읽어 내려간다. 같은 말이나 사건, 혹은 같은 의미가 재등장하는 부분을 찾는다. 발견하면 그것을 두 번째 포인트로 간주한다.

여기서는 과부네 이야기가 그것이다. 까마귀 이야기의 특징을 그대로 반영하고 있기 때문이다. 당시 까마귀만큼이나 과부 역시 하찮기로는 1, 2등을 다투는 존재였다. 선지자는 거기서 얻어먹으며 지냈다.

Step 2. 연결하기

포인트들을 점찍은 다음에는 서로 연결한다. 여기서는 까마귀와 과부네 이야기를 연결한다. 이 두 사건은 패턴마저 같다. 하나님의 명령에 의해 낮은 곳으로 갔던 일이 반복된다. 하나님은 까마귀에게처럼 과부에게도 선지자를 먹일 것을 명령하셨다. 까마귀와 과부뿐 아니라 선지자도 두 경우 다 복종했다. 그러자 두 군데 모두 음식이 지속되는 기적이 일어났다. 그리고 두 경우 모두 하나님의 명령으로 마무리된 후 다음 사건으로 이어진다.

Step 3. 확대/반복하기

앞서 연결한 두 개의 포인트를 다시 한 개의 포인트로 간주하며 시각을 확대해보자. 그리고 다시 Step 1로 돌아가 동일한 과정을 반복한다.

여전히 까마귀에게 얻어먹는 선지자의 심정은 등장하지 않는다. 다시 한 번 1,2단계를 반복해보았다. 이번에는 각각의 포인트들, 까마귀와 과부네 빌붙어 지냈던 스토리를 합쳐서 하나의 이야기로 보자. 그러면 뒤에서 또 다른 포인트를 찾아볼 수 있게 된다.

　맥락상 과부네서 살기를 끝마치는 지점인 '하나님의 명령' 이하의 부분이 눈에 띈다. 앞서 두 개의 포인트를 먼저 찍고 그들을 하나로 합쳤다. 그와 같이 반복하여, 이번에도 열왕기상 18:1에서 출발해서 다음 지점을 찾아 연결한다.

　그렇게 보면 이야기는 앞서 17장 1절과 연결되기로 약속이라도 한 것만 같다. 날씨를 바꾸는 능력자가 드디어 거룩한 잠수 생활을 마치고 하늘에서 불을 내려오게 하는 모습을 세상에 보여준다(왕상 18:38). 마지막 부분, 멈추었던 비가 다시 내리는 부분에서 이는 확실히 된다. 애초에 가뭄을 시작한 지점이 있었으니, 끝나는 지점이 마침표가 될 것이다.

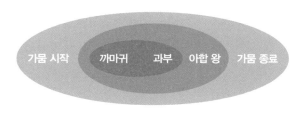

[그림6] 가뭄의 시작 – 종료

　이제 맥락이 보인다. 선지자는 하나님의 가뭄을 시작하고 종료했다. "내 말이 없으면"으로 출발했고, 기도하며 비구름이 있는지 없는지 살피는 모습으로 마쳤다(왕상 17:1, 18:44). 둘 다 하나님의 말씀에 대한 기록이 없다. 그저 선지자가 행했다.

그 사이에 있는 사건들에서는 전부 하나님의 말씀이 먼저 있었고 선지자는 그대로 순종함으로 진행되었다: "여호와의 말씀이"(왕상 17:2, 8, 14, 16, 18:1). 극명한 대비가 이루어진다. '내 말'과 '하나님의 말'이 사건들 중심으로 대조된다.

홀로 있을 때 불편한 진실과 만난다

이제 맥락을 읽었으니 상상이 가능해질 것이다. 성경의 맥락은 선지자를 다루시는 하나님의 일을 보여준다. 엘리야의 '내 말'에는 분명 하나님의 뜻이 반영되어 있었다. 하지만 말씀이 임하기 전에 먼저 '가뭄 선포'가 있었고, 하나님의 말씀은 그 뒤에 임했다. 하나님은 엘리야를 왕에게 보내지 않으셨다. 그 대신 낮고 누추한 곳으로 이끄셨다. 하나님은 엘리야를 기적으로부터 떨어뜨려 놓으심으로써 그를 준비시키셨다.

그릿 시냇가 까마귀 앞에서 엘리야가 할 일은 없었다. 가뭄을 일으키는 능력을 주신 하나님이 엘리야에게 아무것도 하지 않을 것을 명령하셨다. 오히려 그를 까마귀보다 낮은 곳으로 안내하셔서 혼자 지내게 하셨다. 이것은 엘리야에게 꼭 필요한 과정이었다.

엘리야는 물리적인 3년 6개월보다 더 긴 심리적 시간을 통과해야 했다. 42개월, 1260일, 혹은 2만 240시간. 까마귀와 과부에게 얻어먹는 동안 선지자는 자신의 실존과 만나야 했다. 의분은 있으나 부정한 짐승보다 부정함을, 날씨를 바꿀 능력은 있으나 과부에게 얻어먹으며 숨어 지내는 위치라는 사실을 선지자는 매 순간 상기해야 했다.

하나님은 눈높이를 맞춰 행하신다. 하나님의 교과 과정 역시 하나님의 사람이 가진 인격의 현 주소와 맞물린다. 광야를 통과했던 이스라엘 백성을 보라. 그들도 긴 세월을 보냈다. 그러나 거기에도 하나님의 의도가 있었다. 성경에는 이렇게 나온다.

> 네 하나님 여호와께서 이 사십 년 동안에 네게 광야 길을 걷게 하신 것을 기억하라 이는 너를 낮추시며 너를 시험하사 네 마음이 어떠한지 그 명령을 지키는지 지키지 않는지 알려 하심 이라 신 8:2

하나님은 높은 기대를 가지고 자신의 사람들을 대하셨다. 40년 고생이 문제가 아니다. 그들을 낮추심으로, 하나님 말씀 앞에서는 줏대 없는 이들이 되도록 훈련시키셨다. 출애굽 백성에게처럼 엘리야에게도 동일하게 하셨다.

부정한 짐승보다 더 부정한 존재가 있었을까? 혹은 과부보다 더 유약한 계층의 사람이 있었을까? 선지자는 그들에게 얻어먹으며 지내는 동안 낮아질 수밖에 없었다. 감히 두 번 다시는 '내 말이 없으면'이라는 사견 따위 생각도 못 할 수준으로 하나님이 끌어 내리셨다.

다행히 선지자는 출애굽 백성보다는 광야를 빨리 통과해 냈다. 불과 40년의 십분의 일도 안 되는 시간 동안 해냈다. 조기 졸업생 엘리야는 하나님의 선지자 학교 우등생 같았다. 과부네에서 떠나온 선지자는 달라져 있었다. 아합 왕 앞에 내리꽂았던 의분과 그 안에 섞여 있던 개인의 감정마저 모두 벗어놓고 나왔다. 오로지 하나님과 동행함으로만 담대했다. 그렇게 하나님의 훈련 덕에 드디어 아합 왕 앞에 우뚝 설 수 있었다. 이제 하늘에서 불을 내리꽂아도 괜찮은, 하나님의 사람으로 나설 수 있었다.

네가 자기의 일에 능숙한 사람을 보았느냐 이러한 사람은 왕 앞에 설 것이요 천한 자 앞에 서지 아니하리라 잠 22:29

우체부는 그저 전달할 뿐

엘리야의 하나님은 오늘도 동일하게 행하신다. 하나님의

사람을 통해 능력을 보여주신 후 그를 감추곤 하신다. 우리에게도 하나님은 같은 일을 하고 계신다. 내가 실패할 때뿐만 아니라 성공했을 때도 모든 일을 멈추고 혼자되게 하신다. 우체부가 전달하는 편지 내용에 우체부의 사견이 담기지 않듯이, 하나님의 사람은 하나님이 하시는 일을 신뢰하며 따른다. 엘리야만 봐도 알 수 있다. 까마귀든 과부든 하나님의 명령이라면 따를 뿐이다.

엘리야가 처음 겪었던 일도 아니다. 출애굽 때도 같은 일을 하신 하나님이셨다. 어쩌면 40년 광야생활을 48개월로 속성 통과해낸 선지자의 지혜는 우연이 아닐 것이다. 그렇다면 우리는 더 짧게 통과할 수도 있다. 4개월, 아니 4주나 4일도 가능하다. 알면 달라진다. 단, 여로보암이나 아합처럼 알면서도 고집스럽게 죄를 지속했던 사람들도 있었으니 주의하자. 안다면 스스로 바꾸려 들기보다 반면교사들에게 교훈을 얻어 일단 힘을 빼고 엎드리는 일부터 하자. 하나님을 독대하는 자리로 조용히 떠나는 일을 시작해보자.

그리고 놀라지 말라. 실패했을 때뿐 아니라, 한참 잘나가다 그릿 시내 까마귀 곁으로 추락해도 놀라지 말라. 어찌되었든 낮은 자리로 갔다면, 하나님이 아닌 것들을 남김없이 탈피하는 기간을 겸허히 통과해보라. 성공 직후에도 하나님의 능력에 대한 기대와 흥분을 잠시 멈추라. 안식하라.

chapter 6

빈자리가
있어야
함께한다

한마디로 정의하기가 어려운 교회

지난 수년 간 거의 매일 설교를 한 것 같다. 내가 섬기는 교회뿐 아니라 도처의 지역교회들에서 설교를 했다. 특별한 경험이었다. 그러면서 질문이 생겼다.

'하나님께서 이런 경험을 허락하신 이유가 있지 않을까?'

아직 답을 찾지는 못했지만, 이 질문을 하면서 흥미로운 일 하나를 관찰하게 되었다.

내게는 어떤 편견이 있었다. 교회들은 서로 비슷할 것이라는 생각이었다. 그러나 다녀보니 교회들은 서로 달랐다. 제각각이었다. 천차만별이었다. 어느 교회도 같지 않았다. 믿음의 대상인 예수님이 같으니 교회들도 서로 같을 것이라는 내 생각은 완전히 틀렸다. 차이는 작지 않았다. 위치도, 구성원도, 교회가 가진 신학적 교회론이나 사역 철학, 그리고 방법론도 달랐다.

물론 비슷한 부분도 꽤 있었다. 그중 하나는 연약함이었다. 가는 곳마다 누추했다. 예를 들면, 매월 내야 할 임대료를 내기가 쉽지 않았고, 기물들은 낡았으며, 임시방편으로 설치해둔 엉성한 인테리어 투성이었다(가끔 뉴스에 등장하는 부와 권력이 있는 교회는 어디 있는 것인지 도무지 만나지 못했다). 설교 전후로 만나게 되는 성도들은 대부분 가난했는데, 목회자 그룹은 더 가난했다. 정부에서 정한 최저 생계비의 반에도 못 미치는 금액으로 근근이 살아가는 사람들 투성이었다. 교회들이 위치한 동네마다 초라했다. 누군가 아이를 키울 만한 환경은 아닌 것 같았다. 좁고 냄새나고 거칠었다. 사람들은 거리에 쓰레기를 아무렇게나 버렸고, 지나가는 자동차들마저 시끄러웠다.

그런데 이런 환경 속에 살면서도 그 환경보다 밝고 웅장한 사람들이 있었다. 교회의 공통점은 거기에 있었다. 그들은 크리스천들이었다.

그들에게는 비전이 있었다. 자신들의 누추한 환경에 어울리지 않는 큰 생각들을 하고 있었다. 땅 끝까지 이르러 예수님의 복음을 전하고, 지역사회뿐만 아니라 나라와 민족을 생명으로 인도하며, 하나님의 사람들을 곳곳에 일으켜 하나님의 말씀을 가르쳐 지키게 하고, 점진적으로 세계를 예수님의 이름으로 정복할 꿈을 꾸며 기도하고 있었다.

생각은 존재를 대변한다. 교회들의 존재는 환경을 초월하는 것 같았다. 가난한 동네에는 가난한 사람이 살고, 부자 동네에는 부자가 사는 것이 일반적이다. 그런데 그들은 상식에서 벗어난다. 그들은 대체 부자인지 가난한 자인지 잘 모르겠다.

시대의 초월자들

처음 교회 시대의 사람들도 크리스천의 이런 모습에 대해 궁금해했다. 그들의 모습에 대한 기록 중 하나를 보자.

근심하는 자 같으나 항상 기뻐하고 가난한 자 같으나 많은 사람을 부요하게 하고 아무것도 없는 자 같으나 모든 것을 가진 자로다 고후 6:10

교회는 처음부터 이상한 단체였다. 거기 모여 있는 사람들은 그들의 환경으로 정의할 수 없는 초월자들이었다. 그들은 로마의 가이사가 왕이던 시대를 살았다(막 12:13-17). 그 환경에서 그리스도인들은 '예수님만 왕'이시라고 주장했다. 이것은 세상의 권력을 거스르는 정치 철학이었다. 그들의 정견은 너무 강해서 고문과 죽임으로도 바꿀 수 없었다. 더 이상

한 점은 그런 사람들이 정치적 전복은 전혀 꾀하지 않고 고분고분 형장으로 걸어나간다는 것이었다(히 11:35-38).

그들은 정치적으로 뿐만 아니라 종교적으로도 초월자들이었다. 크리스천은 '죄와 사망의 법'이 일반화된 종교 국가의 시대를 살면서도 '생명의 성령의 법'을 따랐다(롬 8:2). 예수님을 잡아 죽였던 종교 지도자들과 정치 지도자들 앞에서 예수님을 계속 따랐다. 그러면서도 기존의 종교 기관들을 떠나지 않고 새로운 종교 기관을 설립하지도 않았다.

크리스천은 돈에 있어서도 초월자들이었다. 그들의 가치는 그들의 소유로 결정되는 것이 아니었다. 통념에서 벗어나는 돈 철학이 그들에게 있었다. 가난이든 부든 그들의 신념을 바꿀 수 없었다. 부는 그들에게 전혀 섬김의 대상이 아니었다. 다만 도구였다. 특히 그들의 공동 소유 개념과 이에 대한 실행은 전에 없던 것이었다(행 2:44).

크리스천은 능력에 있어서도 초월자들이었다. 그들이 말하면 수천 명의 사람들이 모여 하나가 되었다. 질병과 귀신들도 그들이 외쳤던 예수님의 이름으로 떠나갔다. 심지어 하늘의 능력으로 사람을 죽이기도, 살리기도 했다. 당시의 사람들은 초월자들의 등장을 반겼다.

초월자들의 특징들 중 또 하나는 그들이 사람들을 대하는 태도였다. 그들은 사람을 가리지 않았다. 연약한 자나 죄인들도 멀리하지 않고 동행했다. 그들의 언행과 초월성은 마치 예수님이 다시 돌아오신 것만 같았다. 그들은 예수님처럼 사람들과 함께했다. 세리와 죄인의 친구로 불렸던 예수님처럼 사람들과 함께 지냈다. 높은 자리와 낮은 자리로 사람을 구분하지 않았다.

교회의 출발점으로부터 약 2천 년이 지났다. 오늘날도 교회의 전통은 흔들림이 없다. 교회는 예수님 중심이다. 여기 속한 사람들은 끊임없이 예수님을 추구한다. 예수님처럼 살고 죽기를, 예수님처럼 사람들과 지내기를, 예수님처럼 생각하고 예수님처럼 말하기를, 예수님'도'가 아니라 예수님'만' 사랑하기를 원하고 소원하며 실천한다. 예수님처럼 사람들과 함께한다.

빈자리가 있어야 함께 산다

예수님을 따르는 길에 필요한 것에 대해 예수님은 두 가지를 말씀하셨다(마 16:24). 그중 하나가 '자기 부인'이다. 자기 줏대를 버리는 것이다.

누군가와 함께하려는 사람의 마음에는 빈자리가 있어야 한다. 앞서 이야기했던 '여백의 미'는 공동체로 사람들을 끌어들이는 매력이다. 자기 경험과 생각으로 꽉 찬 '꼰대'는 누구와도 함께할 수 없다. 자기를 비워야 누군가와 함께할 수 있다.

자기 부인은 크리스천을 예수님으로 가득한 상태로 이끄는 동시에, 타인을 받아들일 공간을 제공한다. 크리스천은 예수 그리스도를 따라 자신을 비우는 일을 하며 살기에 누군가와 함께할 수 있다. 자신을 낮추다가 공동체를 만들어 함께 사는 사람들이 된다. 이것은 교회의 본질이기도 하다.

그런 면에서 크리스천은 자기 비움, 자기 부인의 전문가들이다. 그들은 겸손하다. 크리스천은 타인을 자신의 삶으로 초대하는 데 탁월하다. 낯선 이들에게 친절을 베풀거나 심지어 가족처럼 대하는 일은 교회에서는 흔한 일상이다.

반면, 하나님은 사람이 아니시다. 그분은 자기 자신으로 가득하셔도 아름다울 수 있는 유일한 존재시다. 홀로 완전하신 분은 하나님뿐이시다. 여기서 주목해야 하는 점은, 그런 하나님조차 자신을 비우시고 종의 형체로 낮아지셨다는 것이다(빌 2:7). 우리에게는 자신을 비우지 않아도 될 어떤 변명의 여지도 없다.

쉼이 빈자리를 만든다

그러나 아담 이후 인간은 하나님을 반역해왔다. 에덴에서 하나님을 거역했던 방법은 오늘까지 이어지고 있다. '하나님과 같이 되어' 스스로 법의 기준이 됨으로써, 하나님의 도덕

통치(하나님이 하나님의 법 기준을 세우셔서 인간 스스로가 그 법을 따르게 하시는 것)를 거스르는 것이다.

이러한 거역 방법은 인류사에 누적되어 내려왔고, 이제는 일종의 사회적 무의식이 되어버렸다. 스스로를 하나님보다 뛰어난 법 기준으로 생각하며 사는 사람들의 세상이다. "그 나물에 그 밥"이라는 말처럼 하나님을 거역하는 우리는 한통속이다. 이것은 일종의 다수결이다. 세상이 힘을 합쳐 하나님을 거역하는 것은 특별할 것 없는 일반적인 흐름이다. 이는 개교회나 개인이 거스를 수 있는 힘이 아니다.

그러나 사람이 할 수 없는 것을 하나님은 하실 수 있다(눅 18:27). 하나님께서 직접 예수님을 통해 죄의 문제를 해결하시고, 심지어 한 개인일지라도 하나님과 같이 되고자 하는 집단 무의식을 이길 수 있는 힘을 얻도록 길을 내어주셨다. 그것은 하나님과 함께 있는 것이다. 하나님과 철저히 독대함으로써 자신을 비우고 또한 채우는 길이다.

답은 문제가 시작하기 전부터 존재했다. 하나님은 에덴에서부터 이것을 알려주셨다. 하나님은 창조 사역을 마치시며 7일째에 안식하셨다. 앞에서도 말했지만, 6일째 태어났던 아담에게 주어진 첫 번째 일은 '경작하며 지키는 일'이 아니었다. 오히려 안식이었다. 즉, 안식은 사람이 하나님께 받은 소명을 수행하기 전에 먼저 해야 했던 선행 사역이었다. 안식이 사역의 우선순위이고 핵심이다.

'안식'이라는 말의 뜻은 일을 멈추는 것이다. 그러나 그저 쉬는 것이 아니다. 하나님과 함께 멈춰 있는 것이 안식의 일이다.

사람은 공동체를 이루어 창조주의 의도대로 세상을 경작하고 지키는 일을 하도록 지어졌다. 일하는 동안은 사람과 함께하고, 세상과 함께해야 한다. 하지만 일을 하기 위해서는 먼저 안식해야 한다. 거기서 진정한 힘을 얻으며, 초월하는 능력과 자격을 갖추게 된다. 즉, 일을 위한 일, 모든 일에 가장 앞서 해야 하는 일은 하나님과 함께 거하는 것이다.

성경은 법이자 인생 매뉴얼이다. 그대로 따르면 문제될 것도, 고장 날 일도 없다. 반대로, 따르지 않으면 혼란이 가중되고 혼돈으로 빠져든다. 안식, 즉 하나님과 함께 쉬는 것이 하나님의 일이다. 이를 무시하면 아무 일도 할 수 없는 상태가 되어버린다. 초월자로 살아가기는커녕, 광야 같은 곳에서 까마귀나 과부에게 얻어먹으며 지내는 위치로 전락한다.

안식은 무능이 아니다. 오히려 안식을 통과하지 않는 사역자는 무능력하다. 그는 '기뻐하는 자 같으나 근심하는 자요, 많은 사람을 부요하게 하는 자 같으나 정작 가난뱅이고, 모든 것을 가진 듯 했으나 아무것도 없는 자'로 추락해버린다(고후 6:10을 거꾸로 인용함). 원점 이하로 회귀한다.

거기서 죄인은 고통을 경험한다. 환경에 의해 모든 사역을 멈추게 되고, 완전히 홀로되어 수동적 안식 상황으로 들어간다. 거기서 처음부터 다시 시작해야 한다. 외로움이 예배의 에너지가 되어 하나님을 찾게 되고, 그렇게 다시 하늘의 능력을 되찾고, 또다시 소명을 확인하며 사람들을 살릴 수 있다. 그리고 반복된다.

3주 길을 40년 가는 사람들

이 패턴에서 벗어나는 사람들도 있다. 그들은 홀로되는 자리에서조차 하나님을 찾지 않는다. 이런 사람들의 행동 유형에 대해 저널리스트인 데이비드 브룩스는 《두 번째 산》에서 두 가지를 말했다.

"하나는 걷는 형태, 하나는 잠자는 형태다. 걷는 형태에서는 고통당하는 사람이 그저 계속 터벅터벅 걷기만 한다. … 그저 자기가 하고 있던 것을 계속 하고 있을 뿐이다. 똑같은 일거리, 똑같은 장소, 똑같은 일상, 똑같은 인생 … 잠자는 형태의 경우에 고통 받는 사람은 그냥 침대에 누워 빈둥거리며 넷플릭스 드라마만 본다."

그의 말대로다. 강제 안식에 들어가서도 하나님을 찾지

않는 사람들은 계속 하던 대로 걸어가거나, 아예 모든 것을 포기해버리고 깊은 잠에 들어간다. 이 경우 강제 안식 패턴이 완성되지 못한 채 길어진다. 마치 걸어서 3주 정도면 도착할 수 있는 가나안 땅까지 40년이나 걸렸던 것처럼 되어버린다.

사람들은 문제 앞에서조차 하나님을 독대해서 예배하기를 미룬다. 문제가 생겨도 스스로 해결할 수 있다는 믿음을 가지고 안식 없이 돌파하려고 한다. 잘못된 믿음이다. 사역자가 하나님을 젖히고 홀로 나대면 문제만 커진다. 그러다 더 이상 아무것도 해볼 수 없는 지경까지 이른다.

홀로 대처 불가능한 혼돈에 봉착하면 모든 것을 멈추어야 한다. 외로운 골방으로 들어가야 한다. 그런데 여기서마저 안식을 미루면, 이제 40년 광야 같은 긴긴 고통이 시작된다.

사람은 주로 아무것도 할 수 없을 때에야 비로소 자기 과신에서 벗어난다. 문제 해결 능력이 내게 있을 것이라는 믿음이 몽땅 사라진 후에야 하나님을 찾는다. 그러나 어느 것에나 예외가 있다. 문제가 생겨도 하나님을 찾아 홀로 예배하지 않는 사람들이 있다. 그들은 뭔가를 지속한다. 여전히 걷기나 잠을 자는 형태로 무슨 일이든 지속하면서 정작 꼭 해야만 하는 일은 미룬다.

미루는 행태에 대해 강준만 교수는 《글쓰기가 뭐라고》를 통해 한 유행어를 인용하여 이렇게 말했다.

"나는 일을 미루는 습관을 버리기로 했다. 그러나 계속 미루느라 그 결심을 아직 실천에 옮기지 못하고 있다."

누구나 중요한 일을 앞두고 겪었을 법한 내용을 재미있게 표현했다. 하지만 그저 말장난으로 웃어넘기기에는 너무 중요한 말이기도 하다. 미루지 않기로 한 것까지 미루면 고생이 길어진다. 모든 일을 중단하고 하나님과 그저 거하는 일은 인생과 소명이 걸린 일이다.

푯대에 도착하기까지 전력을 다해도 모자란 것이 인생이다(엡 5:16, 빌 3:14, 딤전 4:15). 안식의 일을 멈추거나 미루면 다른 모든 일에 문제가 생긴다. 그때는 미루는 일을 멈춰야 한다.

엘리야 선지자 같은 걸출한 인물도 홀로 지내는 시즌을 통과해야 했다면, 우리는 더 말할 것도 없다. 우선은 강제 안식에 들어가지 않도록 해야 한다. 모든 일의 최우선순위에 홀로 예배하는 시간을 넣어야 평안하다. 혹시 이를 미루다 광야에 홀로 던져지게 되더라도 놀랄 것 없다. 하나님이 허락하시는 강제 안식은 우리를 위한 회복 과정의 하나일 뿐임을 기억하자.

chapter 7

안식을
통과하는
동안

네가 너를 위하여 큰 일을 찾느냐 그것을 찾지 말라

예레미야 45:5

홀로 두심의 이유

누가 엘리야 선지자를 그릿 시냇가로 보내셨는가? 누가 거룩
하신 하나님의 선지자를 부정한 짐승과 지내도록 명령하셨
는가? 누가 능력의 선지자를, 아들 딸린 과부네로 숨기셨는
가? 모두 하나님이 하셨다.

그분은 지금도 하나님의 사람들에게 같은 일을 하고 계신
다. 의지할 데 하나 없이 홀로 지내야 하는 거칠고 낮은 장소
로 이끄신다. 광야와 같은 곳, 홀로되는 낯선 곳에 데려다주
신다.

거기에 도착하면 아무것도 할 수 없는 상태가 된다. 여기
에 하나님의 목적이 있다. 신명기에서는 이미 그 이유를 다음
과 같이 세 가지로 설명한다.

1. 스스로 행하라

승리의 비결은 싸움에 있지 않다. 하나님이 주신 약속의 땅을 차지하는 방법은 하나님의 말씀을 지켜 행하는 데 있다. 복종하면 살고(생존), 번성하게 될 것이다.

> 내가 오늘 명하는 모든 명령을 너희는 지켜 행하라 그리하면 너희가 살고 번성하고 여호와께서 너희의 조상들에게 맹세하신 땅에 들어가서 그것을 차지하리라 신 8:1

단순한 비책이다. 하나님은 마치 전장의 사령관과 같으시다. 그분에게는 완벽한 전략이 있다. 그대로만 하면 이긴다. 그러니 따르면 된다. 문제는 영적 군사들이 그대로 행동하지 않는다는 데 있다. 앞서 이야기했던 아브람의 후퇴를 떠올려보라(창 12:10). 우리 믿음의 조상이 보여주는 우리의 모습이다. 처음에는 사령관의 명령에 복종하더니, 중간에 기근을 만나자 슬그머니 순종 액션을 멈춘다. 승리는 끝까지 행동하는 데서 온다. 기근 정도로 순종을 멈추면 이길 수 없다.

사령관의 책무는 반드시 이기는 작전을 짜는 것이다. 동시에 그 계획에 맞는 몸이 되도록 군사들을 훈련시키는 것이다. 산을 넘어야 한다면 산을 넘을 수 있는 체력을, 지도를 읽어야 한다면 지도를 읽을 줄 아는 지식을, 폭탄을 설치해야 한다면 폭탄을 설치하는 기술을 미리 습득시켜야 한다.

하나님은 우리의 사령관이시다. 그분은 자신의 군사들이 작전에 맞게 움직일 수 있도록 미리 훈련시키신다. 홀로되는 장소란 하나님의 말씀으로부터 마음을 빼앗기기 쉬운 환경들을 없애버린 곳이다. 여기서 우리는 하나님께 집중하는 훈련을 받을 수 있다. 어떤 기대 밖의 상황에 부딪치더라도 끝까지 사령관의 명령을 스스로 확고히 붙드는 연습이 가능한 곳이다. 만약, 이 훈련에서 낙제한다면 번성은커녕 생존도 불가능할 것이다.

2. 스스로 낮추라

말씀대로 행동해봐야 말씀을 깨달을 수 있다. 여기에는 겸손이라는 태도가 꼭 필요하다. 교만하면 순종 액션 대신 명령 해석에 열 올리느라 후방에서 뭉그적대기만 한다.

네 하나님 여호와께서 이 사십 년 동안에 네게 광야 길을 걷게 하신 것을 기억하라 이는 너를 낮추시며 너를 시험하사 네 마음이 어떠한지 그 명령을 지키는지 지키지 않는지 알려 하심이라 신 8:2

여기에 광야 훈련의 두 번째 목적이 있다. 소명을 이루는 과정은 이론이 아니라 실전이다. 실존에 유용한 지식이어야 승리한다. 지식이 분명해도 이것을 습득하기 위해서는 반드시 겸손해야 한다. 자신이 알던 것보다 하나님의 말씀이 더 높다는 사실 앞에 무릎 꿇을 줄 알아야 한다. 그래야 배울 수 있다.

사격을 책으로만 배우는 군인은 없다. 만약 교실에서 소총의 제원, 발사 원리, 사격 방법들을 배웠다면, 그다음에는 실제로 총을 쏴봐야 한다. 어떤 기술이라도 그렇다. 만약 바리스타 자격증을 얻으려면 실기 시험으로 자신을 증명해야 한다. 어린아이가 처음 자전거를 배울 때조차 넘어지더라도 직접 타봐야 탈 수 있게 된다. 체득된 지식이 쓸모 있다.

몸으로 익히려면 낯선 것을 반복해야 한다. 이것은 겸손한 사람만 할 수 있다. 교만한 사람은 이미 체득된 것들에 안주하느라 도무지 배우려 들지 않는다. 몸으로 체득하는 지식의 다른 말은 '지혜'다. 지혜는 겸손할 때 얻는 능력이다. 하나님을 높이고 자신을 낮추는 태도가 있는 사람이 곧 지혜자다 (잠 1:7).

하나님은 자신의 사람들에게 말씀하신 후 그가 반드시 말씀대로 스스로를 낮추도록 훈련시키신다. 그분은 우리가 세상에 흩어져 살며 '비둘기 같은 순결'뿐만 아니라 '뱀 같은 지혜'로 승리하기를 원하신다(마 10:16). 믿음을 말할 뿐 아니라 믿음으로만 통과 가능한 현장을 주셔서 겸손을 배우도록 이끄신다.

웬만한 장소에서는 웬만큼 교만해도 웬만큼 생존한다. 하지만 광야는 교만하면 죽는 곳이다. 자신이 알던 것들이 문제 해결에 아무 쓸모없다는 사실을 서슬 퍼렇게 배우는 장소가 광야다.

3. 스스로 깨달으라

또한 광야는 스스로 깨닫는 곳이다. 이곳은 보이지 않는 하나님의 말씀이 보이는 세계를 다 만들어냈다는 사실을 직접 목격하는 장소다.

> 너를 낮추시며 너를 주리게 하시며 또 너도 알지 못하며 네 조상들도 알지 못하던 만나를 네게 먹이신 것은 사람이 떡으로만 사는 것이 아니요 여호와의 입에서 나오는 모든 말씀으로 사는 줄을 네가 알게 하려 하심이니라 신 8:3

출애굽 백성을 보라. 그들의 불신은 깊다. 하지만 말씀이 현실 문제를 해결하는 것을 볼 때마다 믿음 근육이 자라는 모습을 보여준다. 예를 들어, 홍해 바다에 지상 최강의 군대가 수장되었던 사건을 떠올려보라(출 14:28). 이때 출애굽 백성은 말씀 때문에 실행된 기적을 '보고서야' 믿었다(출 14:30,31).

그들은 말씀 지식이 눈앞에서 실체화되는 것을 무려 40년 동안 매일 목격했다. 매일 직면하는 문제들은 무시무시했다. 광야는 죽음의 장소였다. 있어야 할 것들이 없었다. 물과 음식이 없었고, 국가와 군대 시스템이 없었으며, 사회 복지 제도나 의료 기관도 없었다. 그들은 속살을 다 드러내놓고 무기도 없이 전쟁터에 나온 어중이떠중이 같았다.

그 대신 광야에는 말씀이 있었다. 해답이 없어 죽음의 그림자가 드리운 문제마다 하나님의 말씀만 있으면 거뜬히 통과할 수 있었다. 반석에서 샘이 솟아나고, 하늘에서 음식이 내리며, 옷과 발이 헤어지거나 부르트지도 않았다. 말씀만 있으면 전쟁에서도 이겼다. 적들은 무려 철기 문명의 최신 무기들로 무장한 잔인한 전사들이었다. 그들이 400년 동안이나 벽돌만 굽던 노예 민족 앞에서 맥없이 쓰러졌다. 태풍 앞의 민들레 홀씨처럼 흩어졌다.

죽음의 문제마다 말씀만 있으면 통과할 수 있었다. 그때마다 출애굽 백성은 말씀이 문제 해결의 유일한 방법임을 깨닫게 되었다.

하나님은 출애굽 백성을 광야로 이끄셨다. 그곳에서 하나님의 사람들은 다음의 두 가지 상황을 반복했다.

1. 하나님의 말씀을 떠나 각자의 소견대로 나대면 죽는다.
2. 반대로 하나님의 말씀 앞에 겸손한 태도를 취하여 순종하면 살고 이긴다.

이 두 가지를 반복하는 동안 새로운 습관이 생겼다. 그랬더니 정체성도 바뀌었다. 하나님의 백성은 세상과 달랐다. 그들은 함께 하나님의 말씀 앞에 겸손히 행하는 복종 공동체이자, 믿음의 공동체로 성장해갔다. 가나안으로 진격할 하나님의 군대가 될 자격을 갖추어갔다.

개인 예배자의 죽음과 가인의 길

말씀을 따라 사는 하나님 백성의 정체성은 출애굽 훨씬 이전부터 있었다. 개인 예배자는 에덴동산에도 있었다. 그는 아담과 하와의 둘째 아들, '아벨'이다.

아벨에게는 하나님의 말씀을 함께 따랐을 법한 믿음 공동체가 있었다. 그의 가족이었다. 심지어 아벨의 부모는 하나님을 직접 만난 대단한 인물들이었다. 그들은 동산에 거니시는 하나님을 만났다. 그들은 순종뿐 아니라 최초의 불순종마저 저질렀다. 그 결과 에덴에서 쫓겨나 광야 같은 세상에 홀로 던져졌다.

죽을 둥 살 둥 믿음 훈련을 지속중인 그들에게는 두 아들이 있었다. 가인과 아벨이었다. 모든 믿음 공동체가 그렇듯, 아벨네 가정에도 불순종자가 있었다. 가인은 제멋대로였다. 하나님을 불신했을 뿐 아니라 믿음을 흉내만 내며 살았다(창 4:3). 이 사이를 심판자가 가르셨다. 진짜와 가짜에 대한 판단은 예배를 받으시는 하나님의 몫이었다. 하나님은 아벨의 제물을 받으셨으나 가인의 예배는 거절하셨다. 믿음 여부가 하나님의 평가 기준이었다(히 11:4).

그럼에도 가인은 하나님의 판단을 전혀 받아들이지 않았다. 그는 홀로 예배 받기 합당하신 하나님의 판단을 겸손히 받아들일 생각이 없었다. 순종으로 마음을 돌이키기는커녕 오히려 분노했다. 가인은 약자에게만 강했다. 그렇기에 그는 감히 창조자 하나님을 향해 분노할 수 없었다. 자기 자신을 하나님의 결정보다 더 높이는 교만은, 하나님이 선택하신 예배자의 연약함을 노렸다. 그는 아벨을 죽여 감추었다.

하나님은 가인에게 여러 번 기회를 주셨다. 그가 동생 아벨을 살해하기 전에 먼저 직접 말씀해주셨다.

"여호와께서 가인에게 이르시되 네가 분하여 함은 어찌 됨이며 안색이 변함은 어찌 됨이냐 네가 선을 행하면 어찌 낯을 들지 못하겠느냐 선을 행하지 아니하면 죄가 문에 엎드려 있느니라 죄가 너를 원하나 너는 죄를 다스릴지니라"(창 4:6,7).

가인은 직접 말씀을 들었다. 말씀을 직접 듣지 못했지만 믿었던 아벨보다 더 은혜를 받은 셈이었다. 여기서 그는 마음을 돌이킬 수 있었다. 살인자가 아닌, 아벨과 함께하는 예배자가 될 기회였다. 그러나 가인은 이를 붙잡지 않았다. 하나님에게 맞서는 가인의 사견은 고집스러웠다. 그는 하나님의 판단을 향한 분노를 약자에게 쏟았다. 하나님께서 인정하시는 개인 예배자를 죽였다.

그럼에도 하나님은 가인을 아주 버리지 않으셨다. 심지어 살인 후에도 다시 말씀을 주셨다. 또 한 번의 기회였다(창 4:9-15). 그러나 가짜 예배자 가인은 확고했다. 그는 예배뿐만 아니라 하나님을 떠나는 일에서조차 이중적이었다. 하나님을 떠나는 것을 고집하면서도 떠난 결과 주어지는 광야의 고통은 받아들이기 싫어했다(창 4:14).

실패한 성공 코드

이후 가짜 예배자는 하나님을 완전히 떠났다. 하나님을 떠난 가인은 자신의 후손을 위해 성을 쌓았다(창 4:17). 이것은 전통이 되었다. 자신의 성을 쌓는 일은 가인의 후예들에게 정체성이 되었다. 가인이 성을 쌓듯 가인의 후예들이 저마다의 왕성한 활동을 통해 이루어낸 성취들이 있었다(창 4:20-22). 상대적으로 낮은 성취를 쌓아올린 사람들은 그들의 높은 성취를 칭송했다. 이것은 가인의 후예들이 만든, 일종의

'성공 코드'였다.

가인 가문에서 '성공'이란 두 가지 요소를 충족하면 되는 것으로 자리 잡았다. 첫째는 자신의 '성취'를 쌓는 것이고, 둘째는 성취에 대해 세상의 '인정'을 받는 것이었다. 그들의 성공 코드는 완벽하지 않았다. 그 끝에는 '허무'가 기다리고 있었다. 성취와 인정을 추구해온 가인의 후예에 대한 성경의 한 줄 정리가 이를 보여준다.

"가인을 위하여는 벌이 칠 배일진대 라멕을 위하여는 벌이 칠십칠 배이리로다 하였더라"(창 4:24).

가인과 그 후예가 만든 성공 코드는 실패로 막을 내렸다. 하지만 하나님을 떠난 사람들에게는 이것이 최선이었다. 아니, 차악(次惡)이었다. 하나님을 떠나기로 한 결정을 번복하지 않는 한, 가인의 성공 코드보다 더 나은 선택지가 없을 뿐이었다.

가인의 성공 코드는 하나님을 떠난 사람들의 결의가 되어 시대를 타고 흘러내려와 오늘날까지도 세상 다수의 정체성이 되었다. 사람들은 저마다 더 높은 성과를 쌓아올리고자 노력하며 살아왔다. 또한 자신의 성취에 대해 또 다른 다수의 사람들의 인정을 받아내는 것을 목표로 달려왔다.

이에 대해 헨리 나우웬은 이렇게 말했다.

"우리가 스스로 한 일의 결과에 따라 영향을 받기 시작할 때, 삶이란 누군가가 우리의 가치를 측정하기 위해 점수를 열거해놓은 하나의 큰 점수판이라는 잘못된 확신을 하게 된다."

가인의 성공 코드는 유혹이 되어 교회 안을 자주 기웃거린다. 예수님을 믿는 예배자들마저 성취와 인정을 목표로 하는 오류에 빠지기도 한다. 이때 예배자들은 더 나은 방법, 더 많은 회중, 더 세련된 기술에 마음을 빼앗긴다.

예배 받기 합당하신 하나님은 자신의 영광을 누구에게도 빼앗기지 않으신다. 이사야 선지자를 통해 하나님은 자신의 의도를 분명히 말씀해주셨다.

나는 여호와이니 이는 내 이름이라 나는 내 영광을 다른 자에게, 내 찬송을 우상에게 주지 아니하리라 사 42:8

하나님은 자신의 예배자들을 찾으신다. 그분은 가인의 성공 코드를 따르며, 세상 채점꾼들에게 마음을 팔아치운 예배자를 결코 그냥 두지 않으신다. 되찾아오신다. 그러나 강압적으로 끌고 오지 않으신다. 스스로 깨달아, 스스로 겸손히 낮추어, 스스로 순종을 행할 수 있도록 직접 성령의 광야로 데려다주신다. 성취를 향한 노력과 격려, 또 사람들의 인정이나 몰인정에 대한 의식으로부터 멀어지도록 도와주신다.

성공한 고립 코드

가인의 성공 코드가 세상의 전통이라면, 아벨의 죽음은 또 다른 편에서 신자들의 전통이 되었다. 홀로 예배하다 죽음을 맞이한 믿음의 조상은 아벨뿐만이 아니었다. 듣고 믿었던 정체성의 사람들은 우리 주변에 구름과 같이 허다하다(히 12:1).

'믿음장'이라는 별명을 가진 히브리서 11장을 보자. 보이지 않는 일에 미리 경고하심을 받았던 노아, 갈 바를 알지 못하고 나아갔던 순종자 아브라함, 약속의 땅을 유업으로 받기까지 인내했던 이삭과 야곱, 약속하신 하나님을 믿음으로 잉태할 힘을 얻었던 사라, 그리스도를 위하여 받는 수모를 눈앞의 모든 이집트 보물보다 크게 받아들였던 모세, 믿음으로 7일간의 행진을 했던 여호수아의 군대, 그리고 기생 라합과 사사들과 선지자들. 이들의 공통점 역시 광야 같은 죽음의 환경을 통과했다는 것이다. 개인 예배자 아벨처럼 세상에서 고난당하는 것이다.

예배자들이 비예배자들에 의해 죽임당하는 것은 전혀 새로운 일이 아니다. 고통과 죽음은 기독교의 전통이다. 초대교회는 물론이고, 앞서 이야기했던 종교개혁 시대를 다시 떠올려봐도 마찬가지다.

당시 라틴어 성경으로 미사를 인도하던 종교 지도자들 사이에서 자국의 언어, 가령 독일어 성경을 들고 앉아 있던 개인 예배자들은 어땠을까? 그들의 신앙은 쉬웠을까? 아니, 그렇게 멀리 갈 것 까지도 없다. 얼마 전, 코로나19로 인해 대면 예배가 법적으로 제한되었던 상태에서도 여러 모양으로 계속 예배를 이어나갔던 개인과 교회들은 어떤 어려움을 겪었는가? 감염증 확진자가 방문했던 식당이나 지하철 이용자들에게 주어졌던 관심보다 우리가 함께했던 예배의 현장은 더욱 고통당했던 당시의 세태는 어땠는가?

세상이 함께 따르는 성공 코드가 있다. 더 많은 일을 더 효과적으로 해서 더 높은 곳으로 올라가고, 더 많은 사람들에게 칭찬받는 인생을 추구하는 것은 다수의 암묵적 합의가 있는 일이다. 어제오늘의 일이 아니다. 무려, 가인 이래로 지금까지 내려온 집단 무의식의 하나다.

이러한 성공 코드가 세상에 만연해 있으니 개인 예배자들조차 안식할 수 없는 소란을 겪어왔다. 예배를 통해 무엇인가를 성취해보려 애썼던 가짜 예배자들은 항상 있었다. 심지어 그들에게 물리적 공격을 당하기도 했다. 하나님의 판단을 거부하며 예배자들을 죽이려 달려들었던 가인의 후예들은 그때나 지금이나 도처에 있다.

다행히도 하나님은 예배자들을 보존해오셨다. 하나님은 자신의 영광을 빼앗기지 않으신다. 진짜 예배자들을 보존하시며, 그들이 더욱 하나님의 말씀을 스스로 믿고 행하는 사람들이 되도록 성장시키신다. 이를 위해 성공 코드의 소란으로부터 그들을 빼내어 격리시키신다. 따로 보관하신다. 홀로되는 광야 같은 곳에.

야고보와 요한의 어머니는 예수께 이렇게 요청했다.

"그때에 세베대의 아들의 어머니가 그 아들들을 데리고 예수께 와서 절하며 무엇을 구하니 예수께서 이르시되 무엇을 원하느냐 이르되 나의 이 두 아들을 주의 나라에서 하나는 주의 우편에, 하나는 주의 좌편에 앉게 명하소서"(마 20:20,21).

그녀에게는 가인의 후예들을 따르는 마음이 있었다. 세속의 성공 코드를 가지고 예수님을 바라봤다. 예수님을 믿고 따라야 할 구원자가 아닌, 아들들을 성공시키는 도구쯤으로 생각했다. 예배자의 오류다. 하나님은 이런 오류를 놔두지 않으신다. 이어진 말씀은 그녀에게 하나님의 분명한 성공 기준을 보여주었다.

너희 중에 누구든지 으뜸이 되고자 하는 자는 너희의 종이 되어야 하리라 마 20:27

가인의 성공 코드에 의하면 예수님의 말씀은 모순이다. 종이 되는 것과 으뜸이 되는 것은 서로 충돌된다. 이제 세베대의 아들의 어머니는 자신의 관점과 반대되는 말씀 앞에 놓였다. 여기서 겸손하기만 하면 진정한 성공의 기회를 얻게 된다. 자기 관점보다 예수님의 말씀을 더 높게 여겨 오히려 자신을 바꿀 기회 말이다.

예수님은 이 말씀을 하신 후 오히려 낮은 곳을 향해 떠나신다(마 20:29). 예수님의 말씀에 집중하려면 떠날 수밖에 없다. 이 일을 예수님이 이끄신다. 예배자가 가인의 성공 코드 안경을 스스로 벗을 수 있도록 다시 광야로 인도하신다.

훈련이 끝나면

다시 엘리야 이야기로 돌아가, 선지자의 외침을 상기해보자. 그는 처음에 자신의 말을 강조했다(왕상 17:1). 하나님은 그의 손을 들어주셔서 엘리야의 말대로 날씨를 바꿔주셨다. 바알과 아세라 제사장들이 만들어둔 '날씨 바꾸기'라는 능력 게임에 하나님의 사람이 자신의 말을 가지고 참여했다.

하나님은 우선 은혜를 베푸셔서 그가 성공하게 하신다. 그리고 곧이어 그 성공으로부터 감추셔서 까마귀와 과부네로 인도하신다. 성공 코드로부터 고립된 엘리야 선지자는 먹고 사는 문제에 직면한다. 마실 물이 없고, 먹을 음식이 없는 광야 같은 상황이다. 거기서 엘리야는 가장 더러운 짐승, 그리고 가장 연약한 존재보다도 더 아래로 낮아진다.

출애굽 백성을 광야로 이끄신 하나님께서 엘리야에게도 같은 일을 행하셨다. 하나님은 엘리야가 스스로 낮추며 하나님의 말씀에 고도로 집중하도록 환경을 통해 가르치셨다. 엘리야는 출애굽 백성만큼이나 죽어지냈고, 또한 그들과 동일하게 하나님께 집중했다. 이것은 엘리야의 새로운 습관이자 정체성이 되었고, 그 결과 광야 훈련을 마쳤을 때는 처음 선포했던 왕의 권력 앞에 서게 되었다.

> 많은 날이 지나고 제삼 년에 여호와의 말씀이 엘리야에게 임하여 이르시되 너는 가서 아합에게 보이라 내가 비를 지면에 내리리라 왕상 18:1

여기서부터 엘리야는 '내 말이 없으면' 같은 성공 코드를 더 이상 따르지 않게 되었다. 그의 언행에는 하나님의 말씀 근거만 남았다.

에덴에서도, 출애굽 백성이 직면한 40년 광야에서도, 또한 엘리야 선지자의 3년 반 낮아짐의 생활에서도 하나님은 같은 일을 하셨다.

광야에 던져졌을 때, 우리를 보낸 분이 하나님이시라는 믿음을 붙들어야 한다. 예수님이 먼저 광야로 들어가셨다. 그분은 스스로를 낮추셔서 자신의 백성 사이에서 먼저 홀로되셨다. 낮아짐은 하나님의 속성이다(시 113:6). 예수님이 그 모범을 보이신 것이다.

그분은 스스로 낮아지셨다. 다른 말로, 온유하셨다. 자신의 능력을 다 쓰지 않으셨다. 그저 우리를 동참시키기 위해 자신을 비워주셨다. 죄인들이나 받는 세례를 함께 받으셨고, 죄인들의 친구로 지내셨다. 죄인의 자리에서 죄인들을 자신의 형제로 높여주셨다. 죽기까지 스스로를 낮추심으로, 죄인들도 하나님의 자녀가 될 수 있는 길이 열렸다. 구원받을 수 있는 길이 생겼다.

그래서 그분의 낮추심은 우리에게 기쁨이다. 복된 소식이다. 그분이 빈자리를 제공하시며 죄인들의 곁에서 함께 있자고 해주셔서 정말 다행이다.

하 나 님   앞 에   홀 로   서 다

PART

3

홀로됨의
능력

chapter **8**

하나님을
향하여
홀로됨

그러나 끝까지 견디는 자는 구원을 얻으리라

마태복음 24:13

홀로 완전하신 하나님

"천상천하 유아독존"이라는 말은 거만하다. 인간은 누구도 홀로 완전할 수 없다. 자신은 홀로 있어도 완벽하다는 말은, 적어도 인간 존재에게는 어울리지 않는 말이다.

성경의 첫 두 장만 읽어봐도 알 수 있다. 세상의 모든 것이 하나님의 말씀대로 창조되었고, 보기 '좋았다'. 이 말의 원어 '토브'의 의미를 살려서 의역하자면, '선했다' 혹은 '아름다웠다'. 그러나 홀로 있는 상태는 달랐다. 좋지 않았다. 거기에는 선(善)도, 미(美)도 없었다.

한편, 성경에서 '홀로'가 좋은 상태인 경우도 있다. 하나님에 대한 수식어로 쓰일 때만 이에 해당한다. 성경 앱을 켜고 '홀로'를 검색해보라.

"여호와께서 천하의 왕이 되시리니 그 날에는 여호와께서 홀로 한 분이실 것이요 그의 이름이 홀로 하나이실 것이라"(슥 14:9).

"홀로 기이한 일들을 행하시는 여호와 하나님 곧 이스라엘의 하나님을 찬송하며"(시 72:18).

"홀로 큰 기이한 일들을 행하시는 이에게 감사하라 그 인자하심이 영원함이로다"(시 136:4).

하나님은 우리와 전혀 다르시다. 그분은 창조자시다. 스스로 있는 자, 유일한 선, 전능하신 주권자이시다. 하나님이 누구신지에 대한 성경의 보고는 끝이 없다. 그분은 만군의 왕, 살피시는 분, 영원하신 왕, 진정한 위로자, 사랑 그 자체, 소멸하는 불, 가장 높으신 분, 의로우신 분이다. 그런 하나님만큼은 홀로 계실 때도 완전하시고, 선하시며, 그래서 아름다우시다. '홀로'라는 상태조차 그분을 훼손할 수 없다.

하나님을 향한 홀로됨

성경에서 '홀로'가 좋은 또 다른 경우가 있다. 그것은 사람이 '홀로' 하나님과 동행하는 경우다. 이때만큼은 오히려 홀로 있는 상태가 도움이 되기도 한다. 하나씩 살펴보자.

1. 하나님께 '홀로' 나가는 것은 아름답다

어느 것이든 하나님이 악하게 만드신 것은 없다(딤전 4:4). 다만 인간이 하나님을 떠나면서 하나님이 맡겨주신 선물들을 악하게 만든 것이다. 다행인 것은 악해진 만물 어느 것이든 회복시켜 선하게 바꾸실 능력이 하나님께 있다는 것이다. 그러니 하나님의 형상으로 지음 받은 인간은 두말할 것도 없다. 하나님 손에 붙들리면 죄인의 몸도 선한 것으로 바뀐다(롬 6:13).

하나님께로 가는 길은 광야를 통과한다. 그 길에서 죽음의 그림자가 드리운 문제들을 홀로 통과하면서 교만을 다 벗어버리고 겸손의 알몸으로 홀로 가게 된다. 그러면 다시 선해진다. 좋은 것으로 바뀐다.

신부가 결혼식장에 신랑 외에 다른 남자와 들어갈 수 없듯, 하나님께 나가는 길에서 우리는 홀로다. 배우자와만 공유할 때 알몸도 부끄럽지 않듯, 성취와 인정이라는 '가인 성공 코드'를 모두 벗어둔 영적 알몸 역시 홀로 신랑 예수를 향한다. 그런 '홀로'는 아름답다.

2. 하나님과 '홀로' 동행하는 것은 아름답다

창조주께서는 '홀로'인 상태로 지으셔서 사람이 스스로 '공동체'를 향하게끔 하셨다. 아담의 홀로됨이 사물에 대한 정체성 부여 의식을 통과했을 때 돕는 배필을 향한 욕구로 나타난 것과 같다.

외로움은 공동체를 향한 추진력을 가져온다. '홀로' 하나님께 나간 죄인은 하나님과 1:1로 함께한다. 이때 하나님과 자신 사이에 아무것도 두지 않으려는 노력을 기울이게 된다. 두 번 다시는 하나님을 떠나 거친 광야로 돌아가지 않으려고 사건과 사물에 새로운 정체성을 부여하며 산다. 위기를 기회로 재해석하고, 고난을 축복으로 감사하며, 홀로 완전하신 하나님에게서 떨어져 나갈 어떤 변명거리도 생기지 않도록 최선을 다한다.

이 과정은 눈물겹다. 힘들지만 힘들지 않은 상태라서 그렇다. 의미 있는 고통이라 고통으로 느껴지지 않는 과정이다. 가치가 높아서 힘들어도 즐겁게 다가온다.

겹겹이 둘러 입고 있던 성취와 인정이라는 성공 코드를 스스로 다 벗어던지면, 그제야 주변이 달라 보이기 시작한다. 같은 처지에 놓인 또 다른 '나 홀로 예배자'들이 자꾸 눈에 들어온다. 홀로 흘렸던 눈물의 온도만큼 또 다른 지체들이 한 몸처럼 소중하게 느껴진다. 홀로 그리스도와 지내다보니 비슷한 처지의 다른 사람들과 깊은 동질감에 빠져 사랑하며 살게 된다. 그는 이런 식으로 자연스럽게 예배 공동체의 일원이 된다. 따로 공동체를 만들 계획이나 의지가 없어도 예배 공동체의 구심점이 된다.

함께 예배하는 개인 예배자는 공동체의 중심에 다른 것을 두지 않는다. 그저 홀로 통과한 광야에서 훈련했던 대로 그리스도를 보게 된다. 자신이 홀로 그분과 하나이듯, 또 다른 지체들도 홀로 그분과 하나를 이루고 있는 것을 본다. 거기서 그리스도의 위대함을 살피게 된다.

자기 격리 사이클

거룩한 자기 격리는 다음과 같은 과정을 거친다.

Step 1. 예수님을 본받는다

성경을 보면, 그리스도께서 먼저 본을 보이셨다. 그분은 우리보다 먼저 광야로 들어가셨다. 거기서 하나님과 홀로 지내는 일의 모범이 되셨다. 성령께 인도함 받아 행하시며, 죄인들이 어떤 식으로 하나님과 독대해야 하는지 알려주셨다.

예수님은 광야 직후부터 공생애 3년 동안 모범을 보여주셨다. 그분은 매번 홀연히 홀로 기도하러 떠나셨고, 이를 제자들이 목격하도록 하셨다(막 1:35-37).

예수님은 마지막에도 혼자셨다. 골고다 언덕 위에서 그분 곁에는 아무도 없었다. 아무도 그분의 죽음에 손잡아드리지 않았다. 심지어 하나님마저 등을 돌리셨다. 죄인들의 십자가 위에서 그분은 혼자셨다. 벌거벗겨진 채 극악의 형틀에 매달려 그분은 홀로 운명하셨다.

Step 2. 공동체를 향한다

개인 예배자는 그분의 홀로됨을 본받아 다시 광야로 돌아간다. 스스로 낮추어 홀로된다. 그리스도를 묵상하다보니 그분을 닮아가고자 함이다.

예수님의 능력 앞에 자신의 능력은 무능력이 된다. 예수님이 홀로 지신 십자가 앞에 자기 소명의 무게 역시 아무것도 아닌 것이 된다. 그렇게 예수님과의 시간을 통과하며 또 다른 신자들에 대한 이해와 사랑이 커진다. 또 다른 그리스도인들과 하나 되려는 마음이 생긴다.

Step 3. 등 떠밀려 홀로되는 수준을 초월한다

이때, 자기 격리 수준은 다음 레벨로 올라선다. 해결 불가한 죄의 결과들과 거기서 가중된 혼란 때문에 홀로되는 것은 까마득한 옛일처럼 느껴진다. 이제는 다른 이유 때문에 홀로된다. 그는 그리스도를 향한 애정과 감사 때문에 스스로를 격리한다.

한때는 등 떠밀려 들어갔던 골방을 이번에는 스스로 찾아들어간다. 거기서 만나는 새로운 광야는 이전과 결이 다른 죽음의 문제를 가져다준다. 그리스도께 충분히 집중하지 않았던 것이 새로운 문제로 드러난다. 묵직하게 예수님만 쳐다보지 않았던, 존재의 가벼움에 대한 후회로 탄식하게 된다. 그리스도의 헌신과 은혜를 충분히 알지 못한 자신의 무지와 거만함 때문에 슬퍼하는 광야로 안내받는다.

거기에서 거룩하지 않은 상태에 대한 통찰과 무능력에 대한 한숨 가운데 신음한다. 그곳은 그리스도 안에서 자아의 죽음을 요구하며 스스로 들어간 광야다. 바울의 고백이 떠오른다.

내가 그리스도와 함께 십자가에 못 박혔나니 갈 2:20

chapter 9

엘리야의
자기 격리
사이클

이는 내게 사는 것이 그리스도니 죽는 것도 유익함이라

빌립보서 1:21

엘리야 선지자 역시 거룩한 자가 격리 사이클을 반복했다. 광야를 통과한 후, 엘리야는 역사의 중심에서 대승했다. 그 과정에서 목숨을 건 운명 공동체와 함께 세상에서도 대승했다. 그러나 승리 직후 다시 홀로되어 하나님을 독대하게 된다. 그 스토리를 들여다보자.

광야의 끝에서 하나님의 말씀을 듣다

드디어 광야가 끝나고 하나님은 선지자를 세상으로 보내는 말씀을 주셨다. 선지자는 이 말씀대로 행했다.

"많은 날이 지나고 제 삼년에 여호와의 말씀이 엘리야에게 임하여 이르시되 너는 가서 아합에게 보이라 내가 비를 지면에 내리리라 엘리야가 아합에게 보이려고 가니"(왕상 18:1,2).

하나님은 '아합에게 보이라'라고 하셨고, 선지자는 '아합에게 보이려고' 갔다. 선지자에게는 성공 코드가 없다. 그는 말씀대로만 행하는 레벨로 올라섰다. 하나님의 명령에 어떤 해석이나 자기감정을 넣어 오염시키지 않았다. 이것으로 그는 까마귀 선생과 과부 학과를 통해 광야 학교를 무사히 마친 졸업생임을 증명했다.

졸업생은 이어 하나님의 손에 단독으로 이끌려 예배 공동체로 안내받는다. 선지자는 자신과 동질의 개인 예배자인 오바댜를 만나게 된다(왕상 18:7). 오바댜 역시 역사의 중심에 서서 홀로 하나님을 예배하는 자였다. 두 사람의 대화는 길었다. 두 사람 모두 목숨을 걸었음을 알 수 있는 대화였다.

선지자는 아합에게 반가운 인물이 아니었다. 왕을 만났다가는 그 자리에서 처형될지도 모를 일이었다. 오바댜 역시 목숨을 걸어야 했다. 엘리야 선지자와 아합 왕의 만남을 주선했다가 선지자가 갑자기 마음을 바꾸면 큰일이었으니까.

두 사람은 각자 개인의 목숨을 뛰어넘어 하나님만 바라보는 용자들이었다. 동시에 서로를 향해서도 목숨을 건 신뢰가 있을 때에야 함께 소명을 수행할 수 있는 상황이었다. 그들은 이 상황을 함께 통과했다. 각자의 생명을 내놓고 하나님을 믿는 동시에, 서로를 목숨 바쳐 신뢰하는 관계였다.

승리 후의 이야기

그다음 이야기는 익히 알려진 대로다. 개인 예배자가 개인 예배자'들'이 된 후, 하나님이 주시는 큰 승리를 맛보게 된다. 하나님이 엘리야의 요청대로 바알 선지자 450명 앞에서 불을 내려주셨고, 그들을 모두 죽이게 하셨으며, 마지막에는 큰 비를 주셨다. 통쾌한 해피엔딩이다. 그러나 아직 반전이 남아 있었다.

하나님이 주신 기적과 승리 앞에서도 아합과 이세벨은 전혀 변하지 않았다. 오히려 저주와 공포를 뿜어내며 선지자를 죽이겠다고 선언했다. 이렇게 권력의 표적이 된 엘리야는 또다시 홀로된다. 그런데 이번에는 스스로 광야로 들어가 하나님께 자아의 죽음을 요구한다.

"자기 자신은 광야로 들어가 하룻길쯤 가서 한 로뎀 나무 아래에 앉아서 자기가 죽기를 원하여 이르되 여호와여 넉넉하오니 지금 내 생명을 거두시옵소서 나는 내 조상들보다 낫지 못하니이다 하고"(왕상 19:4).

그곳에서 선지자는 다시 하나님을 독대하기 시작했다. '내 말이 없으면'이라고 죄에 대한 의분을 쏟아내던 선지자가, 이번에는 우상 숭배의 역사를 일으켰던 자신의 조상들보다 낫지 못하다며 스스로를 낮추었다. 그리고 다시 승리하기까지 선지자의 자기 격리 사이클은 반복되었다.

chapter 10

홀로되어야만
알 수 있는 것

알면 알수록 모르겠다

'가면 증후군'(Imposter Syndrome)이라는 용어가 있다. 이것은 주로 전문가 집단에서 나타나는데, 한 전문가가 어떤 주제에 대해 알아갈수록 오히려 자신은 그 주제에 대해 잘 모른다고 느끼는 심리 현상이다.

예를 들어, 성경신학의 세계적인 권위를 가지고 있는 신학자에게 "성경신학이란 무엇입니까?"라고 질문했는데 그가 주저하면서 "잘 모르겠습니다"라고 대답하는 식이다.

엘리야 선지자는 하나님 전문가였다. 그는 하나님의 마음을 배웠고, 그분의 말씀을 들었으며, 순종했고, 광야를 통과해 성장했으며, 이후 하나님의 크신 역사를 직접 경험했다. 그는 보통 전문가가 아니었다. 알고 익히고 증명한 전문가, 전문가 중의 전문가였다. 그러나 성취의 정점에서 가면 증후군 같은 증상을 보였다. 선지자는 큰 승리 직후, 큰 좌절 가운데 자신을 이렇게 평가했다.

> 한 로뎀 나무 아래에 앉아서 자기가 죽기를 원하여 이르되 여호와여 넉넉하오니 지금 내 생명을 거두시옵소서 나는 내 조상들보다 낫지 못하니이다 하고 왕상 19:4

스스로를 폄하하는 그의 기도 내용은 그전의 이력과 어울리지 않았다. 하늘에서 불이 내려오고, 바알 선지자들을 모두 물리치고, 가뭄을 일으키기도, 비를 내리기도 했던 모든 일들이 다 꿈만 같았다.

그는 깊은 좌절에 빠졌다. 선지자로서 경험했던 거룩한 성취나 인정이 아무것도 아닌 것처럼 되었다. 자기 격리 사이클을 한 바퀴 돌아 대 승리까지 경험한 직후의 좌절이었다. 그는 홀로 광야로 들어가 다시 홀로되었다. '많은 날이 지나고' 겨우 광야에서 벗어난 지 불과 이틀만이었다(왕상 19:1-4). 그는 죽기를 원할 정도로 깊은 슬픔과 외로움에 빠졌다.

물론 그의 가면 증후군의 내용은 사실과 거리가 멀었다. 광야에서 했던 기도를 들여다보면 "내 조상들보다 낫지 못하니이다"라고 말했지만, 이것은 진실이 아니었다. 엘리야는 그의 조상들처럼 바알을 숭배하지 않았다. 엘리야와 아합 왕은 비교불가다. '우상 숭배'라는 죄목을 가지고 말하자면 엘리야는 무죄다. 그는 결코 바알 숭배에 동참한 적이 없었기 때문이다.

한편, 그의 가면 증후군 내용은 사실이기도 했다. 아합 왕과 비교했을 때는 의인이나 심판자였을지 모르지만, 하나님 앞에서는 완전한 죄인이었다. 이것은 겉으로 우상 숭배를 했느냐 안 했느냐 하는 것과는 다른 차원의 진실이었다.

엘리야는 기대가 컸다. 그만큼 실망도 컸다. 선지자의 마음속에 자리 잡은 하나님의 말씀 기준은 명확했다. 그러므로 아합 왕이 틀렸다는 사실도 분명했다.

선지자에게는 자신의 마음을 말로 풀어낼 '지식'이 있었다. 아합 왕은 선조의 죄를 가볍게 여기며 이어받았고, 하나님이 아합에게 분노하고 계심을 알고 있었다.

그러나 선지자에게 지식대로 세상을 바꿀 '능력'은 없었다. 하나님이 그를 까마귀와 과부네로 낮아지게 하셨을 때 자신의 무능력을 확인했고, 바알 선지자들과의 대결에서 승리한 직후 비가 오게 만드는 일에도 무능력했던 선지자였으며, 아합 왕과 이세벨조차 꿈쩍하지 않을 만큼 무능력했다.

알면 알수록, 순종하면 할수록, 광야에서 훈련을 받을수록 모든 일이 허무했다. 능력의 선지자가 자신의 무능력을 발견했다.

열심이 유별하오니

가면 증후군과 반대되는 현상도 있다. 이것은 주로 비전문가들에게서 나타나는데, 어떤 특정 주제에 대해 거의 아무것도 모르는 문외한이 자신을 그 분야에 정통한 전문가라고 착각하는 현상이다. 심리학자들은 이것을 '더닝 크루거 효과'(Dunning-Kruger Effect)라고 부른다.

이런 상태의 비전문가는 스스로에 대해 강한 자부심을 가지고 있다. 자신이 그 분야에 대해 경험한 것이 그 분야의 모든 것이며, 게다가 틀림없을 것이라고 확신한다.

예를 들어, 성경을 한 줄도 안 읽어본 사람이 성경 신학자에게 "나는 성경에 대해 잘 알아요. BBC 다큐멘터리에서 성경의 역사에 대한 프로그램 하나를 재미있게 봤거든요"라고 말하는 식이다.

홀로 광야로 들어갔던 엘리야의 마음에는 더닝 크루거 효과 같은 것도 반영되어 있었다. 그는 자신에 대한 거짓 확신으로 하나님의 역사하심과 자신의 소명에 대해 오해하고 있었다.

그가 대답하되 내가 만군의 하나님 여호와께 열심이 유별하오니 이는 이스라엘 자손이 주의 언약을 버리고 주의 제단을 헐며 칼로 주의 선지자들을 죽였음이오며 오직 나만 남았거 좌절해 있던 엘리야에게 하나님이 "네가 어찌하여 여기 있느냐"라고 물으셨다(왕상 19:9). 그때 엘리야는 자신이 처한 상황을 하나님 앞에서 설명했다. 여기서 엘리야는 확신에 찬 자기 평가를 하고 있다.

"내가 만군의 하나님 여호와께 열심이 유별하오니"(왕상 19:10).

만약 선지자가 이 말을 아합 왕 앞에서 했다면 표면상의 진실이긴 했을 것이다. 그는 아합 왕이나 또 다른 사람들보다는 확실히 말씀에 집중했고 남달랐다. 하지만 지금 그가 대화하고 있는 분은 전문가 중의 전문가이신 하나님이다. 그분은 심판자시며, 누가 열심인지 아닌지 평가하는 장본인이시다. 그런 분 앞에서 엘리야의 전문성은 상대화된다. 비전문가 중의 비전문가로 전락한다. 하나님은 자기 자신이 열심이 있고 없고를 확신 있게 논할 대상이 아니시다. 그럼에도 엘리야의 과대평가는 이어진다.

"이는 이스라엘 자손이 주의 언약을 버리고 주의 제단을 헐며 칼로 주의 선지자들을 죽였음이오며"(왕상 19:10).

이 역시 사람들 앞에서만 진실이다. 하나님 앞에서는 진실이 아니다. 사람들은 겉으로 드러나는 것을 보지만 하나님은 마음속 깊은 곳까지 감찰하는 분이시기 때문이다. 엘리야가 자신이 남다른 열심으로 했다고 주장하는 일은 전부 하나님이 하신 능력의 일들이었다.

광야에서 만난 공동체

이전과 다른 모습이다. 그는 약하고 떨고 두려워하며 횡성수설하고 있다. 하나님의 말씀을 따라갔더니 복이 아니라 기근을 만났던 아브람의 혼란도 이와 같지 않았을까 싶다. 주님의 나라에 들어갈 때 하나는 주님의 좌편에, 하나는 주님의 우편에 앉게 해주시길 구했던 세베대의 아들의 어머니가 예수님의 십자가 앞에서 느꼈을 법한 혼란도 이와 비슷하지 않았을까 싶다.

엘리야는 혼란스러웠다. 기대했던 일이 전혀 생기지 않아서 그랬다. 하나님의 말씀과 자신의 성장, 그리고 놀라운 기적의 연속에도 불구하고 세상은 그대로였다. 자신이 생각했던 거룩한 성취와 너무 다른 결과 앞에서 마음이 무너지고 있었다. 그런 엘리야의 상태를 잘 아셨던 하나님이 먼저 손을 내미셨다.

로뎀 나무 아래에 누워 자더니 천사가 그를 어루만지며 그에게 이르되 일어나서 먹으라 하는지라 본즉 머리맡에 숯불에

구운 떡과 한 병 물이 있더라 이에 먹고 마시고 다시 누웠더니

여호와의 천사가 또 다시 와서 어루만지며 이르되 일어나 먹

으라 네가 갈 길을 다 가지 못할까 하노라 하는지라

왕상 19:5-7

하나님은 좌절한 엘리야에게 말을 아끼셨다. 그 대신, 아무것도 하지 않는 로뎀 나무 아래의 시간을 허락하셨다. 하나님 품에 안식하듯 그는 잠들어 있었다(시 127:2). 시간이 얼마나 지났을까. 하나님은 천사를 보내셔서 그를 어루만지셨고, 숯불에 구운 떡과 물 한 병을 먹고 마시게 하셨다.

말씀에 보면 이 과정은 한 번 더 반복되었다. 믿음직스러운 신랑의 품에서 쉼을 가지는 신부처럼 엘리야는 혼란 중에도 자유로웠다. 하나님은 엘리야가 자신의 혼란을 가지고 하나님과 더 깊이 대화할 수 있는 때를 기다리시며 우선 그를 쉬게 하셨다. 엘리야에게 일을 중단시키신 이유는 그의 불신앙이나 죄 때문이 아니었다. 오히려 하나님이 단독으로 그와 나눌 말이 있으셨기 때문이었다.

쉼 후에 이어졌던 엘리야의 말은 대단한 것도 아니었다. 혼란과 좌절 가운데 하나님께 하소연한 것이 전부였다. 이번에도 하나님은 홀로 일하셨다.

이에 일어나 먹고 마시고 그 음식물의 힘을 의지하여 사십 주 사십 야를 가서 하나님의 산 호렙에 이르니라 엘리야가 그곳 굴에 들어가 거기서 머물더니 여호와의 말씀이 그에게 임하여 이르시되 엘리야야 네가 어찌하여 여기 있느냐 왕상 19:8,9

로뎀에서 호렙까지

하나님은 엘리야를 더 깊은 광야로 이끄셨다. 로뎀에서 호렙까지 40일 동안 홀로 걷게 하셨다. 엘리야는 자신의 성취를 다 벗어두고 혼란과 좌절의 의미를 바라볼 기회를 얻었다. 그리고 호렙에 도착했을 때 하나님은 엘리야에게 몇 가지 그림을 통해 말씀해주셨다. 산과 바위를 부수는 바람, 뒤이은 지진, 그 뒤를 따라 나타나는 불의 임재였다.

이는 모두 눈에 크게 띄는 자연 현상들이었다. 자칫 목숨을 잃을 수 있는 공포이기도 했다. 이들은 모두 세상을 향해 내리꽂았던 엘리야의 거침없는 선포 같았고, 하나님을 향한 기적 요구들과 비슷했다. 문제는 이런 거대 현상들 어디에도 하나님이 계시지 않았다는 데 있었다.

엘리야가 좌절하고 혼란스러워 하는 이유를 너무나 잘 알고 계셨던 하나님이 선지자를 직접 가르치셨다. 엘리야가 기대했던 하나님과 다른 하나님이셨다. 그분은 엘리야의 기대보다 크신 하나님이셨다.

… 계시지 아니하더니 불 후에 세미한 소리가 있는지라

왕상 19:12

기대가 없었다면 실망도 없었을 것이었다. 거짓 기대가 만들어낸 실망과 혼란은 진실이 아니었다. 하나님은 엘리야의 기대에 맞춰 움직이시는 분이 아니다. 선지자는 여기서 하나님을 더 가까이 만나며 그분이 누구신지에 대한 지식과 기대를 새롭게 할 기회를 얻게 되었다.

이처럼 엘리야가 홀로되었던 장소들은 하나님을 들여다보는 예배처였다. 동시에 스스로 선택했던 영적 안식의 장소였다. 거기서 홀로 지내는 동안 하나님의 사람은 하나님과 안식하며 하나님을 배웠다. 거룩한 자기 격리의 사이클을 통과하면서 지식과 경험도 재조명되었다. 지식은 혼란이 되었고, 승리는 패배로 드러났으며, 기대는 꺾여 좌절로, 열심은 허무가 되었다.

이곳에서 선지자는 자기 자신에 대한 평가와 더불어 하나님이 누구신지에 대한 지식에서도 한 단계 더 완전해졌다. 엘리야는 홀로될 때마다 매번 더 깊은 차원으로 들어가 하나님을 더 가까이 들여다보게 되었다.

chapter 11

이렇게
예배하라

스스로 맞이하신 광야

하나님께는 부족한 것이 없으시다. 그분에게는 불분명한 것
이란 전혀 있을 수 없다. 그분은 거룩하시고 완전하시며 모
든 만물의 주인이시다. 그럼에도 선지서들을 읽다보면 고뇌
와 후회와 슬픔에 잠긴 하나님의 마음이 엿보인다.

> 내 마음이 너희의 월삭과 정한 절기를 싫어하나니 그것이 내
> 게 무거운 짐이라 내가 지기에 곤비하였느니라 사 1:14

여기서 하나님은 예배가 싫다고, 무거운 짐이 된다고 하셨
다. 그분은 어떤 것을 좋아하거나 싫어하실 필요가 없는 수
준의 능력자시다. 죄인들로부터 자신을 향한 예배를 이끌어
내지 않아도 하나님께는 아무런 해가 없다. 그분은 온 우주

만물을 창조하신 분이다. 지구의 인간들에게 경배 받지 않아도 전혀 아쉬울 것이 없는 창조주시다.

만약 그분이 원하시기만 한다면, 길가의 돌들로도 예배자들을 만드실 수 있다(마 3:9). 하나님이 원치 않는 예배자는 다 심판하고 불태워 없애버리실 수 있는 분이다. 그러나 하나님은 자신의 능력을 그런 식으로 사용하지 않으신다. 대신 예배자들 때문에 고뇌하며 말씀하신다. 홀로 예배 받기에 합당하신 분이 예배를 싫어하며 짐스럽다고 하셨다.

여기서 문제는 '하나님의 완전함'에 있지 않다. 그분의 '사랑'이 문제다(고후 5:14-21). 그분이 죄인을 사랑하시는 것이 선지서의 좌절들을 만들었다. 죄인들을 향하신 하나님의 사랑 때문에 하나님께도 광야가 펼쳐진다.

하나님 앞에서 우리는 누구나 죄인이다. 예외는 없다. 죄인인 우리는 하나님 떠나기 전문가들이다. 하나님은 그런 우리를 당장 죽이지 않으시고 인내로 기다리신다. 모든 것의 소유주이신 하나님께 유일한 결핍이 우리다. 그래서 하나님을 떠난 우리를 되찾고자 하시는 외로움과 좌절과 혼란의 광야를 맞이하신다.

누구도 하나님을 지상으로 내몰지 않았다. 그분은 스스로 내려오셨다. 그리고 지금도 앞으로도 함께하신다. 하나님은 사랑이시다. 그 사랑이 결핍을 품게 했다.

우리를 초청하시는 하나님

이러한 광야에서 하나님도 우리에 대한 자신의 기대감을 분명히 하셨다. 그분은 우리의 기대대로 움직이는 우상이 아니시다. 오히려 우리의 우상 숭배적 기대를 제거하시기 위해 조심스럽고 지속적으로 일하시는 완전자시다.

그분은 사랑 때문에 펼쳐진 자신의 광야에서 홀로 일하시며 우리의 안식을 만들어오셨다. 하나님의 창조 사역에서부터 시작된 동역자의 자리를 지금껏 비워두시고 끈질기게 죄인들의 회개와 변화를 진행하셨다.

우리가 한 일은 없다. 하나님이 다 하셨다. 우리를 죽음에서 생명으로 옮기셨고, 마귀 자식에서 천국의 상속자로 승격시키셨으며, 하늘나라의 문을 여닫는 권세마저 얻을 수 있도록 하나님의 길을 열어주셨다. 그럼에도 우리는 하나님을 버리고 죄를 선택하기를 즐긴다. 예배의 자리에서까지 세속적 성공 코드인 성취와 인정을 추구하며, 하나님 아닌 것들에 둘러싸여 지내기를 좋아한다.

하나님은 이런 우리를 자신의 처소로 초대하신다. 우리 때문에 홀로 계신 곳, 하나님의 사랑과 결핍의 장소, 하나님과 죄인 사이에 있는 각자의 기대감이 충돌하는 곳으로 인도하여 들이신다. 그곳은 하나님의 짐스러운 안식처인 동시에 사랑으로 등 떠밀려 나온 죄인의 개인 예배 장소다. 그곳에서 하나님은 예배자에게 자신을 보여주신다. 완전자께서 아무 것도 없이 홀로 예배자를 향해 계심을 알려주신다.

개인 예배의 장소는 호렙 산의 엘리야만큼이나 하나님의 혼란이 보여지는 곳이다. 그분을 떠나가는 죄인들을 사랑하시는 아이러니에 빠져 계신 모습을 예배자가 발견하도록 허락하신다. 그분의 선포는 복과 저주를 오가며, 그분의 법은 공의와 긍휼 사이에서 방황하고, 그분의 존재는 인성과 신성을 둘 다 갖는 혼란을 간직한 채로 예배자와 함께 계신다.

예배자에게 요구되는 자세

이러한 하나님께 나아가는 예배자는 다음과 같은 반응들을 요구받는다.

1. 하나님께 집중하기

예배의 목적은 하나님의 영광에 있다(사 43:7). 성경 원어의 의미를 살려보자면, '영광'이란 '가까이 들여다보기' 혹은 '온전히 알게 되는 상태'다. 그러니까 예배의 목적은 하나님 가까이에서 하나님을 더욱 알게 되는 것이다.

하나님이 누구신지에 대한 진정한 앎은 관계를 통하여 쌓여간다. 예배자의 일상은 하나님과의 관계 지식이 발전되는 현장이다. 모든 일들이 하나님을 알아가는 과정이 될 때, 예배자는 심지어 일과 중에라도 예배의 목적을 이룰 수 있게 된다. 반면, 매일의 삶이 하나님과의 관계를 중심에 두고 있지 않다면 그는 곧 등 떠밀려 광야로 내려가게 될 것이다.

하나님은 자신이 누구인지를 우리에게 직접 보여주신다. 이것을 우리는 하나님의 '계시'라고 부른다. 예배의 중심에는 하나님의 계시가 있다. 그 대표적인 것이 하나님의 말씀인 성경이다. 하나님이 누군가를 홀로되는 장소로 이끌어가실 때는 다 이유가 있다. 그가 성경에 집중하게 하기 위함이다.

이는 출애굽 백성이 광야에서 배워야 했던 교과 목표와 동일하다. "사람이 떡으로만 사는 것이 아니요 여호와의 입에서 나오는 모든 말씀으로 사는 줄을 네가 알게 하려 하심"이다(신 8:3). 하나님께 집중한다는 것은 성경에 집중한다는 것과 크게 다르지 않다. 성경 말씀에 집중할 수 없는 상황이 되면 하나님은 예배자를 고립시키실 것이다. 어떻게 하든 말씀에 집중하도록 모든 방해물들로부터 격리시키실 것이다.

한편 강제 격리를 통해 말씀에 집중하는 훈련이 어느 정도 된 사람들은 스스로 말씀에 집중하는 시간을 가진다. 그렇게 그들이 하나님을 알아가는 장소에서 하나님은 영광을 받으신다.

2. 스스로 순종하기

한때 인문 고전 독서가 유행이었다. 여러 분야의 고전 강의 전문가들이 등장해 책에 대해 강의했다. 이때 많은 사람들이 함정에 빠졌다. 원전에 대해 말해주는 사람들의 강의를 듣느라, 직접 원전을 읽지 않은 것이다. 노자의 《도덕경》을 직접 읽는 대신 노자에 대해 설명하는 철학자의 강의를 듣는 식이었다.

중요한 일일수록 스스로 해야 의미가 있다. 아무리 기량이 탁월한 선수라도 코치의 조언만 들어서는 실력이 늘지 않는다. 결국은 직접 몸으로 부딪혀서 익혀야 자기 것이 된다. 개인 예배도 마찬가지다. 하나님이 누구신지 알아가는 과정은 더욱 그렇다. 하나님을 만난 사람들의 간증을 듣거나 예배 인도자들의 찬양과 설교를 시청하는 것으로는 한계가 있다. 결국 스스로 해야 한다. 직접 실행해야 한다. 내가 내 눈과 뇌를 직접 써서 말씀을 읽고, 묵상하고, 적고, 실행해 내야 한다.

어느 영역이나 그렇다. 스스로 체득하는 과정을 통과해 내야 한다. 예배도 크게 다르지 않다. 기도 골방도, 거룩한 자기 격려도 모두 자발적 순종으로 직접 실행할 때 의미가 있다.

예배는 누군가 대신 해줄 수 있는 행위가 아니다. 스스로 해야 한다. 이것은 미성(美聲)의 찬양인도자들을 구경하는 행위도 아니고, 구미에 맞는 설교자들을 찾아 검색하는 과정도 아니다. 예배는 해산하러 홀로 들어가는 산모의 심정으로 직접 부딪혀 하나님을 만나기까지 힘써 해내야 하는 과정이다.

개인 예배의 장소에서 말씀에 스스로 집중하면 반드시 새로운 깨달음과 은혜가 온다. 하나님과의 관계 지식이 깊어지고, 그에 반영되어 자기 자신에 대한 앎도 확실해진다. 그러면 이것 역시 행동으로 드러내야 한다(마 7:24). 순종 액션으로 이어지지 않는 예배는 행동 없는 믿음만큼이나 허무하고 아깝다. 행동하지 않으면 새로운 깨달음은 쉽게 잊혀지고, 광야 생활은 지지부진 길어진다.

3. 회개하기

로마서에서는 예배자의 태도를 이렇게 말한다.

너희 몸을 하나님이 기뻐하시는 거룩한 산 제물로 드리라 이는 너희가 드릴 영적 예배니라 **롬 12:1**

여기서 우리는 두 가지 사실을 알 수 있다. 하나는 예배자는 자신의 '몸'을 제물로 드려야 한다는 것이고, 또 하나는 그것이 '거룩한 산 제물'이어야 한다는 것이다. 이 두 가지는 모두 회개와 관련 있다. 하나씩 살펴보자.

첫째, 예배자는 자신의 몸을 하나님께 제물로 드리는 사람들이다. 이것은 고대의 인신 제물을 의미하는 것이 아니다. 로마서에서는 몸을 드리는 행위에 대해 다음과 같이 자세히 설명한다.

> 또한 너희 지체를 불의의 무기로 죄에게 내주지 말고 오직 너희 자신을 죽은 자 가운데서 다시 살아난 자같이 하나님께 드리며 너희 지체를 의의 무기로 하나님께 드리라 롬 6:13

이에 의하면 몸을 드린다는 행위는 거룩의 행위와 관련이 있다. 죄를 짓는 데 몸을 사용하지 않는 것이다. 그 대신 하나님께서 의로 여기시는 일에 자신의 몸을 사용하는 것이다.

일상 대부분의 일들에 대해 우리는 성경 윤리적 판단을 쉽게 만드는 질문을 던져볼 수 있다.

"이것은 하나님이 기뻐하시는 일인가?"

만약 이 질문으로도 답이 어려운 문제에 직면했다면, 그때는 일을 중단해야 한다. 그리고 홀로 엎드려 성경을 펼쳐들고 집중해서 하나님의 말씀을 면밀히 살펴야 한다.

둘째, 예배자가 드린 몸은 '거룩한 산 제물'이어야 한다.

'제물'이라는 표현 그대로를 따라가보면 구약의 제사 장면과 만나게 된다. 성전 제사에서 번제물은 죽는다. 그것은 살아 있을 수 없다. 예배자는 죽어야 한다는 의미다. 여기에 두 가지 수식어가 붙어있다. 하나는 '거룩한'이고, 다른 하나는 '산'이다.

우선 제물이 거룩한 것이 되려면 하나님의 법대로 드려지는 것이어야 한다. 이것은 깨끗하고 흠이 없어야 하며, 하나님의 제단 위에 남김없이 죽어 없어져야 하는 것이다. 또한 '산'이라는 표현이 들어가려면 구약만으로는 안 된다. 예수님의 부활이 필요하다. 죽었지만 살아 있고 동시에 거룩하려면, 성경에서는 예수님의 죽으심과 부활에 연합한 새 생명 외에 다른 것을 찾아낼 수 없다. 다음 말씀 그대로다.

> 내가 그리스도와 함께 십자가에 못 박혔나니 그런즉 이제는 내가 사는 것이 아니요 오직 내 안에 그리스도께서 사시는 것이라 이제 내가 육체 가운데 사는 것은 나를 사랑하사 나를 위하여 자기 자신을 버리신 하나님의 아들을 믿는 믿음 안에서 사는 것이라 갈 2:20

번제물은 죽는다. 그러나 예수님과 함께 죽고, 예수님과 함께 새 삶을 얻어, 예수님이 사실 법한 인생을 자신의 몸으로 살아내는 것이다(벧전 3:18, 딤전 2:6). 이런 사람들은 '살아 있는 재물'이 가능하게 되었다.

그리스도의 사람들은 더 이상 자의나 사견으로 사는 사람들이 아니다. 그리스도로 사는 사람들이다. 그리스도 안에서 믿음으로 새로워진 후에도, 그리스도 중심으로 사는 새로운 생활이 동반되는 것이 곧 예배가 된다. 그때 '거룩한 산 제물'이라는 인정을 받게 된다. 이런 사람들은 회개자들이다. 예수님을 믿고 회개하는 것 외에 다른 식으로는 거룩의 능력이 죄인에게 주어지지 않는다(행 2:38).

4. 남다른 길로 가기

'거룩'의 구약 성경 원어는 '코데쉬'다. 이것은 '잘라냄' 혹은 '분리됨'을 뜻한다. 같은 의미의 다른 히브리어로는 '베리트'(할례)가 있다(창 17:10-12). 이것 역시 '잘라내다'라는 뜻의 성경 단어다. 하나님께 나가는 자는 하나님 이외의 모든 것들로부터 잘려 나와 분리되어 있는 상태여야 한다.

원래 '거룩'이란 하나님만의 속성이었다. 그분만이 홀로 분리되어 계신 존재다. 하나님과 같은 이는 아무도 없다. 그분은 누구와도 같지 않으시다. 창조주시다. 아무도 그분을 짓지 않았다. 하나님은 완전한 원류시며 모든 것의 기원이시다. 세상 모든 것들로부터 구별된 존재이신 하나님, 그분만

이 홀로 완전하시다.

그런 분께서 우리와 깊은 사랑의 관계를 맺는 자리가 예배다. 사랑은 동질의식이다. 하나님은 예수님의 십자가 사건을 통해 죄인들을 거룩히 구별하셨고, 이후로도 '이 세대를 본받지 않는' 거룩한 구별자들이 될 것을 지속적으로 요구해오셨다(롬 12:2). 자신처럼 되기를 바라시는 그분의 요구는 '거룩'이다.

오직 너희를 부르신 거룩한 이처럼 너희도 모든 행실에 거룩한 자가 되라 벧전 1:15

홀로 예배하는 사람은 이미 성취와 인정이라는 다수의 성공 코드를 벗고 나와 홀로 엎드려 있다. 그는 세상과 다른 존재, 다수결도 초월해 홀로 떨어져 나온 개인이다. 그는 남다른 길로 다니며 하나님께 속한다.

5. 정체성을 새롭게 하기

예배의 역사에 성전 제사가 등장한다. 제사 장소였던 성막은 하나님의 임재가 있는 '구별된' 곳이었다. 그 중심에는 '지성소'(holy of holies)가 있었다. 이곳은 가장 거룩한 곳으로, 하나님께서 구별한 성막 안에서도 더욱 구별된 곳이었다. 지성소에는 아무나 들어갈 수 없었다. 대제사장만 '홀로' 들어갈 수 있는 곳이었다.

이후 성전 시대와 회당 예배의 시대를 거쳐 신약 시대의 사람 성전에까지 이르렀다. 구약 시대 예배의 자리였던 성막과 성전의 핵심은 하나님의 임재였다. 그런데 오순절 성령님의 임재 사건 이래로 하나님의 임재 장소가 성도의 몸이 되었다. 물론 초대교회 성도들은 성전에서도, 회당에서도, 가정에서도 모였다. 예배자의 상황에 맞게 예배 장소나 방법에도 차이가 있었다. 하지만 예배의 핵심은 불변했다. 하나님의 임재가 있는 곳이 예배 장소였다.

회개하고 예수님을 믿는 사람들에게 성령 하나님의 임재가 이어졌다. 그리고 오늘날까지 성도의 몸은 성전이 되었다. 성도는 새로워진 사람들이다. 성막이나 성전에 비교하자면, 예배자가 곧 지성소다. 이것은 예배자의 새로운 정체성이다. 마치 출애굽 백성이 성막과 법궤를 들고 이동했던 것과 비슷한 상황이다. 신자들은 저마다 하나님의 임재가 있는 자신의 몸을 들고 다니는 예배자가 되었다.

개인 예배자는 이 정체성을 잊지 않는다. 언제 어디서나 하나님 임재의 영광을 기억하며, 자신의 몸을 거룩히 구별하며 이렇게 외친다.

"나의 몸에 성령님의 임재가 있다!"

6. 기준을 바꾸기

예배자의 언행 기준은 더 이상 다수결을 따르지 않는다. 그는 어떤 일반적 사조나 문화 코드를 따르지 않고 오히려 초월한다. 초월의 기준과 능력은 말씀에 있다. 세상 모든 것의 이면에 있는 하나님의 법, 성경 말씀을 기준으로 삼고 지낸다.

하나님께는 항상 완전한 답이 있다. 게다가 세밀하시다. 예배의 역사를 보라. 하나님은 출애굽 백성에게 성막을 만들게 하시고 그 안에 임재하셨다.

하나님이 다 하셨다. 성막을 어떻게 지을지 구체적으로 말씀해주셨다. 성막에서 사용할 제사 기구들, 장소와 위치, 제사의 세부 방법 등 예배를 받으시는 분이 동시에 예배 진행자가 되어주셨다.

성막에서만 말씀해주셨던 것이 아니다. 성막 제사의 규례를 정하시고 인도하셨던 분이 하나님이셨던 것처럼, 다른 모든 것도 하나님이 일일이 말씀으로 진행해주셨다. 생각해보라. 누가 출애굽을 주도하셨는가? 누가 광야로 인도하셨는가? 시내 산으로 인도하셨던 분은 누구신가? 거기서 제사장을 세우고 예배 규정들을 제공하셨던 분은 누구신가? 모두 하나님이 하셨다.

하나님의 소원은 성막 제사 때나 지금이나 동일하다. 그

때도 하나님은 이스라엘 백성을 온전히 소유하길 원하셨고, 지금도 우리를 온전히 독점하기 원하신다(신 5:7).

성막에서 성전을 거쳐, 그리고 다시 회당과 초대교회를 거쳐 예수님도 같은 것을 요구하셨다(마 22:37). 그분은 구약 말씀과 전혀 충돌되지 않으셨다. 하나님의 말씀은 변함없었다. 예수님도 '모세의 법대로 정결예식의 날이 차매' 예루살렘에 올라가셨고(눅 2:22), 성전에서 가르치셨으며, 안식일에 늘 회당에서 말씀을 읽으셨고, 제물 제사의 연속선상에서 '자기의 피로 영원한 속죄를 이루사 단번에 성소에' 들어가신 제물이 되어주셨다(히 9:12). 우리가 거룩해지는 것도 예수님의 말씀을 따를 때 가능한 일이 되었다.

우리는 다수의 사람들과 다르다. 많은 사람들에게 성경 말씀은 삶과 사회의 기준이 아니다. 예배자는 세상과 다른 기준으로 산다. 그는 매번 상세한 안내를 주시는 말씀 중심으로 모든 일을 진행하는 사람, 거룩한 사람, 그리고 구별된 사람이다.

죄인이 자신을 높이는 순간부터 그는 모순에 빠져 방황하게 된다. 성경은 세상 모든 것의 매뉴얼이자 법전이다. 여기에 피조 세계의 작동 원리가 고스란히 들어 있다. 이를 무시하고 개인의 철학을 주장하면 당장 문제들이 터져 나온다. 성경을 떠나면, 문제를 극복하려는 새로운 대안이라는 것조차 혼란을 가중시키는 주범으로 전락해버린다.

우리는 그런 예를 역사에서 수도 없이 목격했다. 경제사를 보자. 화폐를 만들었더니 가치 판단이 문제가 되었고, 자유 경제 시스템을 내놓았더니 이번에는 공정성이 문제가 되었다. 어느 대안이든 다시 문제가 되었던 역사는 얼마든지 있다.

다수가 따르는 철학과 사상들도 하나님의 말씀과 달리 영속되지 않았다. 누구도 일방적인 피해자는 없었다. 당하는 동안 만든 대안이 또 다른 피해자를 만들었다. 피해자는 가해자가 되고, 새로운 피해자는 다시 가해자가 되어왔다. 인간이 내놓은 혜안이나 해답들이 마지막에 가서는 사람들과 시간의 상호 작용 가운데 또 다른 혼란의 주체가 되곤 했다.

예배자는 다수결을 따르지 않는다. 기준이 다르기 때문이다. 그의 중심에는 늘 성경이 있다. '먹든지 마시든지 무엇을 하든지' 다수결과 다른 기준으로 산다.

chapter 12

홀로
남았던
사람들

하나님께 예배를 드린다는 것은 하나님께 최고의 가치를 부여하는 것이다.
왜냐하면 오직 하나님만이 그럴 만한 가치가 있으시기 때문이다.

마틴 랄프

의심의 시작

나는 교회 개척자다. 선교적 모임들을 만들어온 지가 어느새 10년째다. 처가댁에 얹혀살며 교회를 시작했다. 새벽부터 새벽까지 사역했다. 잠자는 시간도 아까웠다. 쉴 줄 모르고 일에 매달렸다. 이렇게 지냈던 것은 복음 때문이었다. 적어도 처음에는 그랬다. 세계 복음화를 효과적으로 진행하기 위한 최선의 길이 선교적 교회를 개척하는 일에 있다는 판단과 비전, 그리고 소명 때문이었다.

기대가 컸다. 출발할 때는 1,2년 내로 크게 부흥할 것 같았다. 세계 선교를 감당하는 대단한 사역들이 연달아 터져 나올 것이라 믿었다. 조금의 의심도 없었다. 5년만 사역하면 세계 복음화가 끝날 것만 같았다. 역사 종결자가 되고도 남으리라 여겼다.

그러나 교회 개척 후 일어났던 일들은 내 기대와 달랐다. 안 되는 일 투성이였다. 슬그머니 불평이 내 마음에 들어왔다. 개척 사역을 시작한 후 5년쯤 지나자 집중력이 흩어졌다. 세계 복음화보다는 다른 일들에 더 신경이 쓰였다. 함께 사역하는 사람들의 안전, 매월 지출해야 하는 카드값에 대한 염려, 개척을 시작하기 이전의 과거에 두고 온 것들에 대한 상념. 이 세 가지가 대표적이었다.

그중에서도 안정적으로 주어지는 생활비가 없다는 사실이 제일 불편했다. 순종했음에도 계속 결핍의 상태인 것을 보며 '무엇인가 잘못되었다'라는 불안감이 몰려 왔다. 처음에는 순종했다가 나중에 기근 때문에 흔들렸던 아브람 같았다(창 12:10). 나도 하나님보다 결핍이 더 커보였다. 거기서부터였다. 미국에 버리고 온 것들이 자꾸 생각났다. 출애굽 백성이 자꾸 애굽을 뒤돌아봤던 것과도 같았다(출 14:11,12).

교회 개척은 기도와 말씀의 자리에서 수년 동안 확인했던 일이었다. 오랜 시간에 걸쳐 내린 결정이라 그 세월 동안 연단 받은 마음은 튼튼했다. 내 마음에는 그저 무익한 종이니 주님 마음대로 써달라는 간절함이 촘촘히 새겨져 있었다. 하지만 생활비에 대한 염려가 생기자 슬그머니 다른 목소리가 들어오기 시작했다.

사실 미국 생활도 기근과 같은 어려움들의 연속이었다. 다만 그때는 소명으로 극복이 되었는데 이번에는 아닌 것이 문제였다. 교회를 개척할 때 나는 이렇게 생각했다.

'이제 교회를 개척하게 되었으니, 적어도 이 일을 위해 미국에서 내가 거절했던 일자리들보다 더 좋은 수입원을 하나님이 주셔야 할 거야!'

예수님보다 예수님을 따르기로 한 내 결정을 더 높이는 순간이었다. 소명을 주시는 하나님의 은혜보다, 그 은혜를 받아들이는 나를 더 크게 보는 관점이었다.

넘실대는 감정의 파도

마음이 둘로 나뉘자 없던 문제도 만들어졌다. 내 마음에 염려의 길이 하나 더 열리면서 작은 일로도 쉽게 상처 받기 시작했다. 지나가는 말 한마디, 표정 하나도 의미심장하게 다가왔다. 내가 금방이라도 깨질 것 같은 상태에 있던 그때, 슬그머니 교회를 떠나버린 사람들이 있었다. 문제를 해결하기 위해 떠나는 지체도 있었고, 당장 해결해야 할 내적 문제나 생활고를 끌어안고 어쩔 줄 몰라 하며 떠나는 이들도 있었다.

목사로서 나는 그들의 어려움 앞에 무기력했다. 무능했다. 위로하고 격려하며, 끌어안고 함께 울어줄 에너지가 없었다. 그저 문제를 이겨내지 못하는 그들의 연약함에 화내기를 반복하며 정답만 거칠게 내리꽂았다. 그런 식으로 문제를 더 큰 문제로 키우며 다녔다.

한동안 그렇게 지내자 내 몸이 약해졌다. 여기저기 아프기 시작했다. 그러던 어느 날, 눈을 떠 보니 병원이었다. 의사는 과로하지 말라고 경고했다. 천장을 쳐다보고 누워 있으니 의지할 데가 전혀 없다는 생각이 들었다. 그 후로 마음도 약해졌다. 아무것도 하기 싫었다. 아니, 할 수가 없었다. 집에 가서 홀로 멍하니 누워 일주일을 지냈다. 침대를 거의 떠나지 않았다. 가족이 염려했지만 내 상태를 설명할 힘이 없었다.

그렇지 않아도 힘겨웠던 나는 화가 났다. 비전과 현실 사이가 너무 멀어 보였다. 세계 복음화가 다 무슨 소용인가 싶었다. 나는 침묵할 수밖에 없었다. 혼자였다. 외로웠다. 하고 있는 일의 가치가 내 생명보다 크다는 사실은 부인할 수 없었지만, 그래서 더 싫었다. 강조점이 '소명을 주신 하나님'이 아닌, '소명을 받은 나'에게 있었으니까.

'내가 가난하고 상처받고 유약해진다면, 받은 소명이 다 무슨 소용일까?'

이런 식이었다. 기근 문제를 만나자 소명을 팔아치웠던 아브람 같은 모습이었다(창 12:10-13). 또한 아합 왕과도 같았다. 자신의 사견을 하나님의 말씀보다 더 높이 두고 우상 숭배의 길로 직진했던 모습이 내 모습 같았다(왕상 16:30-34).

나는 세상을 변화시키는 일을 하는 하나님의 사람은 만사 형통해야 한다고 주장했다. 해결하기 벅찬 문제들이 도처에 있는 것을 받아들이기 싫었지만, 그 때문에 기도하기도 싫었다. 소명을 버리고 훌쩍 도망치고 싶었다. 얼음장 아래 죽은 듯 뻗어있는 겨울 개구리처럼, 나는 혼자 누워있었다. 그 자리에서 쳐다보니, 아무것도 하지 않고 가만히 있는 내 모습이 낯설었다. 전혀 다른 사람, 3인칭의 타인 같았다.

전에는 내가 기도꾼 중의 기도꾼인 줄 알았다. 그런데 다시 보니 그저 기도한다는 것을 자랑으로 거들먹거리는 꼰대였다. 전에는 내가 특전사 예비역으로 '안 되면 되게 하는' 상남자인 줄 착각했다. 하지만 며칠 누워있어보니 전혀 달랐다. 되던 일도 안 되게 변질시키는 고문관 같았다.

나는 목사가 아니라 말씀 한마디 끝까지 신뢰치 못하는 영적 아이였고, 불신자보다 못한 천치(天痴)였다. 믿을만한 가장이 아니라 아내가 돌봐야 하는 또 하나의 자식일 뿐이었다. 나는 내가 매일 만나는 모든 사람에게 전도하는 전도자인 줄로 오해했다. 그러나 탈진 상태에 있어보니 아직도 복음을 모르는 무지한 자, 믿지 않는 자, 죄인, 지옥의 땔감 같은 존재였다.

혼자 있어보니 진실이 보였다. 벌레나 지렁이도 나보다 나아 보였다. 들풀도, 흙 한줌도 나보다 위대해 보였다. 나는 아무것도 아니었다. 힘없이 너덜거리는 젖은 휴지 같았다. 환자였다. 비전도, 사역도, 동역자도 내 존재의 기반이 아니었다. 그들은 주체가 아니라 하나님이 주시는 은혜의 그림자와 같았다.

등 떠밀려 나아간 독대의 자리

감정이 요동쳤다. 몸에 안 맞는 소라를 벗고 새로운 껍질을 찾는 소라게처럼 마음이 급했다. 나는 서둘러 하나님을 찾기 시작했다. 의지했던 것들을 벗고 나니 외롭고 두렵고 간절했다. 하나님을 찾는 자들과 함께 하나님을 찾을 때와 달랐다. 전혀 다른 갈급함이 치밀었다. 외로움이 추진력이 되어 하나님을 향했다. 계급장 떼고, 이력서 찢고, 핸드폰도 잊은 채 엎드렸다. 하나님을 찾으며 신음했다.

"주님, 저는 장군도, 왕자도 아니었습니다. 남편도, 아빠도, 혹은 목사조차도 아니었습니다. 저는 그저 지옥의 하수인 같은 존재입니다. 하나님의 사람들과 일들을 망치고 있는 무능력자입니다. 하나님의 일에 방해가 되지 않도록 저를 치워주소서. 주님이 저를 부르셨으나, 그 부르심을 오히려 자기 의로 삼아 거들먹거렸던 저를 없애주소서. 주님의 이름에 먹칠하고, 주님의 일에 방해가 되며, 주님의 일을 하는 사람들에게 상처를 주는 교회 리더가 여기 있습니다. 저를 어떻게

합니까….”

　진실과 마주하며 예수님의 보혈을 의지했다. 이전에도 의지했지만 순도가 달랐다. 일주일간의 외로움이 눈물로 변해 베개가 젖었다. 침대에서 방바닥으로, 방바닥에서 다시 책상 밑으로 기어들어가 엎드렸다. 하나님이 아니라 하나님이 주신 비전을 더 따랐던 것을 후회하며 가슴을 두드렸다.

　울음이 그치지 않아 머리를 무릎 사이에 넣었다. 하나님이 너무 좋은데 하나님만 좋아하지 않는 상태를 다 버리고 싶었다. 창조주께서 주신 소명, 세계 복음화의 일에 걸맞지 않는 나의 연약함에 이를 갈았다. 선물을 주신 분보다 선물을 더 사랑하는 영적 외도 때문에 가슴을 두드렸다. 내 죄를 일일이 고했다. 기도는 이어졌다.

　“주님, 저는 어떻게 된 인간인지 모르겠습니다. 제가 착각이 컸습니다. 제가 대단한 순종자인 줄 알았습니다. 그러나 이제 보니 말씀에 이미 다 나와 있는 소명을 확인한답시고, 거의 평생을 뭉그적댔습니다. 그러다가 큰 은혜를 받아서 겨우 선교적 교회 개척을 등 떠밀리다시피 시작했습니다. 제게는 즉각적 순종이 없었습니다. 불순종이나 다름없었습니다. 그럼에도 제가 잘나서 비전을 받은 것이라 스스로를 칭송하며 지냈습니다. 그래서 하나님의 말씀을 전할 때도 교만한 태도로 했습니다.

게다가 마음에 딴 주머니를 하나 더 가졌습니다. 그 안에는 고학력자의 연봉, 미국에서의 아름다운 풍경들이 들어 있었습니다. 더 큰 문제는 제가 그런 것들을 기대하고 의지하는지도 몰랐다는 겁니다.

저는 하나님이 아니라, 하나님이 주신 사람들을 더 믿고 의지하기까지 했습니다. 그래서 쉽게 상처를 주고받았습니다. 부인해야 할 자아를 섬겼고, 섬겨야 할 영혼들을 의지했으며, 그리스도 이외의 것들을 자랑했습니다. 예배해야 할 하나님 대신, 하나님이 베풀어주신 은혜를 받은 저 자신을 부지불식간에 예배했습니다.

저를 용서하소서. 저를 바꿔주소서. 그리스도의 보혈로 죄를 덮어주소서. 저를 새롭게 하소서. 완전하게 하소서."

기도하다 지치면 찬양했다. 같은 찬양을 반복했다. 새찬송가 279장의 후렴구가 계속 생각났다.

"주여 주여 내가 비오니 죄인 오라 하실 때에 날 부르소서".

찬양과 기도, 기도와 찬양, 그리고 찬양과 기도를 오가며 반나절간 홀로 예배했다.

진작 그럴걸!

예배 후 마음이 뒤집혔다. 새로워졌다. 더 이상 사역이나 비전이 아니라 하나님이 내 마음에 가득했다. 오랜만에 끝없는 평안이 몰려왔다. 비전을 이뤄보겠다는 교만과 거기서 온 스트레스가 오간 데 없었다.

상처를 주고받았던 사람들도 하나같이 다 사랑스럽게 느껴졌다. 미국이든 한국이든, 아니 지구 전체가 먼지처럼 작아 보였다. "그 어디나 하늘나라" 같았다. 몸도 변했다. 85세의 갈렙이 고백했던 강건함 같은 것이 뱃속 깊은 곳에서부터 샘솟는 듯했다(수 14:10-12).

그 시간을 멈추고 싶지 않았다. 잊고 있던 말씀 구절들도 자꾸 떠올랐다. 그래서 성경을 펼치면 하늘이 전부 다 내 머릿속으로 쏟아져 들어오는 것 같았다. 심방, 설교 준비, 글쓰기, 회의, 모임 인도 등, 어떤 일을 만나도 가슴에 불이 붙었다. 성령님이 언제 어디서 무엇을 원하시는지에 대한 확신도 넘쳤다. 고치를 찢은 나비처럼 침대에서 나왔다. 온 세상이 내 발 아래 있는 것만 같았다. 다시는 잃고 싶지 않은 충만함이었다.

엘리야 이야기를 읽는 중에 등장했던 '여로보암의 죄'가 떠올랐다. 여로보암도 처음에는 하나님을 독대했다. 하지만 나중에는 자신의 정치권력이 백성의 예배 열정 때문에 없어질까 봐 두려워했다. 그는 결국 궁리 끝에 금송아지 두 개를 만들었고, 그것들을 하나님처럼 섬기라고 요구하는 죄를 지었다. 참 하나님이 아닌, 자신의 신을 만들어냈다. 하나님께 이끌어야 할 하나님의 사람들까지 끌어들여 그것을 섬기도록 했다.

사역 도중 일어나는 문제들을 대처할 때 나도 그랬다. 여로보암의 길을 따르고 있었다. 교회는 하나님과 독대해서 시작한 사명 수행의 결과였다. 그 과정에서 내게도 우상이 생겼다. 스스로 사역의 문제들을 해결할 수 있다는 믿음을 세우고, 이를 마치 하나님인 양 따르고 섬겼다.

잘못된 믿음의 자리에는 고통이 남았고, 그 덕분에 나는 골방으로 등 떠밀려 홀로 기도하게 되었다. 거기서 말씀을 펼쳐들고 모든 일들을 비춰보는 기회를 얻었다. 그러자 교회 사역 때문만이 아니라 그전에도 매번 같은 죄를 반복했던 것이 훤히 보였다.

죄가 한두 가지가 아니었다. 어떤 병에 걸려 의지할 건강이 사라진 후에야 홀로 기도하러 갔다. 의지하는 사람들이 떠난 다음에야 홀로 하나님을 만나고자 했다. 해결책 없는 문제와 마주하고 나서야 기도할 마음이 생겼다.

사실, 외로움은 예배 에너지다. 아이러니하지만 문제 때문에 홀로되고, 외로워서 더 이상 예배할 힘조차 남아 있지 않을 때, 사람들은 예수님을 애써 찾았다. 홀로 우물가로 나섰던 수가 성 여인도, 밤에 몰래 예수님을 찾아왔던 한 종교 지도자도, 식사하시는 예수님 뒤에 서서 울고 있던 죄인 여자도 그랬다. 이들 역시 하나같이 인생의 큰 문제 앞에서 홀로되어 힘 빠진 상태였다. 사람들과 함께할 힘은 고사하고 예수님과의 만남조차 힘겨웠던 사람들이었다. 그러나 혼자 남은 자리에 있었기 때문에 예수님을 찬양했고, 말씀을 들었고, 헌신하며 예배하기가 가능했다.

홀로된 상태는 연약하고 불안하고 의기소침하다. 그러나 여기서 힘이 나온다. 약할 때일수록 거기서 벗어나 강하신 하나님께 집중하려는 반작용이 생긴다. 강함되시는 하나님의 능력을 향하려는 열정에 휩싸인다.

힘의 원천은 창조주 하나님께 있다. 내게는 없다. 소명은 하나님의 것이니 내 힘으로 감당할 크기가 아니다. 그럼에도 스스로의 힘을 의지하는 상태라면, 그 힘을 멈춰야 한다. 홀로되게 만드는 환경의 어려움은 내게 매번 힘 뺄 기회를 제공해주었다. 힘을 빼면 하나님만 바라게 된다. 그때 소명을 주신 분의 능력이 나타난다.

훈련 루틴 만들기

혼자가 된다는 것은 당면한 문제를 뛰어넘을 능력의 하나님께 고도로 집중할 기회라는 뜻이다. 홀로 예배하는 시간이 준 선물과 같은 평안을 절대 놓치고 싶지 않았다. 그러나 이전의 나를 믿을 수 없었다. 뭔가 장치가 필요했다. 사역 일정과 사람들에게 둘러싸여 지내다보면 어느새 나는 또 하나님을 떠날지 모를 일이었다.

우선 나 홀로 예배하는 것을 사역의 원칙으로 삼았다. 잊을까 두려워 평소 들고 다니는 수첩을 꺼냈다. 정기적으로 오로지 하나님만 홀로 만나는 시간을 가질 것에 대해 적었다. 구체적으로 시간과 장소를 선택해 글로 기록했다. 매일, 매주, 그리고 매월 각 1회씩 따로 하나님을 어떻게 독대할지 적어보았다.

- 매일 새벽 5시, 교회에서 1시간 동안 하나님을 독대할 것
- 매주 화요일 저녁 6시, 산에서 3시간 동안 하나님을 독대할 것
- 매월 마지막 주 주일 밤 8시, 서재에서 2시간 동안 하나님을 독대할 것

이상의 원칙들은 소명 실행의 기준이 되었다. 소명은 업그레이드되었다. 하나님의 일이 아니라 하나님을 홀로 만나는 것이 나의 소명이 되었다. 그 뒤늦은 깨달음에 날마다 감사했다.

두 번 다시는 이전의 실패로 돌아가고 싶지 않았다. 하루도 빠짐없이 새로운 원칙을 실행하는 연습에 몰두했다. 주변

사람들에게도 이 원칙들을 알렸다. 함께 실행할 사람도 모았다. 평안이 넘쳤다.

실패와 회복이 교훈을 주었다. 나는 정기적으로 혼자가 될 필요가 있었다. 문제에 휩싸일 때마다 그 답은 문제 바깥에 있었다. 문제 해결을 위해 문제를 떠나야 하다니, 아이러니다. 쉽지 않은 일이다. 그러니 '일부러' 해야 한다. 외로운 자리로 깊이 들어가 정기적으로 혼자되는 일을 억지로라도 해야 한다. 그래야 사명 실행이 가능하다. 최소한, 문제를 해결한답시고 오히려 그 문제를 더 키우는 오류는 피할 수 있을 것이다.

홀로 주님만 원하는 시간을 가져보자

누구나 혼자다

너무 놀라지 말자. 누구나 문제를 만난다. 그리고 홀로된다. 만약 당신이 아이를 낳아본 어머니라면 더 잘 알 수 있을 것이다. 해산의 경험은 기대가 큰 만큼이나 두려움도 큰, 외로움의 자리다. 그때 두려움에 떨면서 '어느 누구도 나 대신 아이를 낳아줄 수는 없구나'라는 생각을 해본 분들이 있을 거다.

우리는 누구나 어떤 어려움이든 홀로 맞게 된다. 누군가 대신 당해줄 수 없다. 군 입대를 앞둔 청년을 대신해서 입대해줄 사람이 있겠는가? 누가 나 대신 병에 걸려 아파할 수 있겠는가?

외롭다는 것은 고통을 전제한다. 누군가 홀로된 이유는 고통과 관련 있다. 그런데 한번 주위를 둘러보라. 세상은 홀로선 사람들로 가득하다. 고통은 도처에 있다. 고통은 당신만의 것이 아니라 전체적인 현상이다. 심리사회적 겨울이 닥쳤고, 세상은 뭐 하나 제대로 굴러가는 것이 없다.

개인적인 문제가 전혀 없는 사람조차 사회적 문제 때문에 불안해한다. 예를 들어, 시대의 변화상은 너무 빠르다. "오늘이 있게 한 지난 30년간의 노하우 매뉴얼" 따위가 통하지 않는 변화 속도다. '백년지대계'와 같은 말들은 당장 고통을 당한 사람들에게 사치스러운 말이다. 그들에게는 멀리 보며 계획을 세울 여유가 없다. 마치 급류에 휘말린 해변의 여행객 같다. 거센 물결에 갑자기 휩싸인다면 누구든 허우적댈 수밖에 없을 것이다. 그런 상황에 적절하게 대처하려면 미리 연습을 해두어야 한다. 수영을 연습하거나 구명조끼를 준비하는 일은 물결에 휩싸이기 전에야 가능하다. 홀로 있는 시간이 이와 같다. 앞으로 닥칠 인생의 급류를 미리 준비하는 시간이다.

만약 당신이 나처럼 목회자라면 더욱 이 말에 공감할 것이다. 사역 현장에 들어가 처음 만나는 문제들에 빠져들어가기 시작하면 허우적대기 십상이다. 그러나 모든 지혜를 다 가지고 계신 하나님과의 만남으로 다져진 마음은 쉽게 방황하지 않는다.

예수님을 따라

여기까지의 말에 동의한다면, 앞서 내가 스스로에게 했던 질문에 당신도 답해보길 바란다.

- 언제 하나님을 독대하겠는가?
- 하루 중 혼자 있을 수 있는 시간이 언제인가?

혹 새벽은 어떤가? 나의 경우 "목사님 내일 새벽 3시 47분에 만나요"라고 요청하는 사람은 아무도 없다. 내가 홀로 있을 수 있는 시간은 대부분의 경우 새벽뿐이기에 나는 주로 새벽에 하나님과 독대하는 시간을 갖는다.

예수님을 생각해보자. 예수님은 홀로 있는 일에 먼저 모범을 보이셨다. 그분은 아무도 없는 새벽에 일어나, 아무도 없는 한적한 곳으로 가셨다. 홀로 기도하시기 위함이었다. 참 하나님이신 그분이 혼자만의 시간과 장소로 피신하셨다. 새벽뿐만 아니라 밤에도 그러셨다. 나는 이 말씀이 너무 좋다.

무리를 보내신 후에 기도하러 따로 산에 올라가시니라 저물매 거기 혼자 계시더니 마 14:23

왜 그분은 홀로 계셨을까? 홀로 계시는 예수님의 모습을

홀로 묵상해보자. 사람이 혼자 있는 것은 좋지 않다. 우리는 친밀한 인간관계에 항상 목말라 하는 연약한 존재다. 어떤 사회에 소속되어 함께 있지 않으면 아무것도 할 수가 없다. 그러나 예수님은 다르시다. 그분은 창조주 하나님이시다. 홀로 완전하신 창조자이시다(욥 9:8,9). 그분은 우리와 전혀 다르신 분이다. 무엇에 집중하기 위해 애쓰거나, 군중에 휩싸여 스트레스를 받으실 필요가 전혀 없으신 분이다. 그런 분이 일부러 혼자만의 시간과 장소로 가셨고, 거기서 기도하셨다. 하나님과 독대하시기 위해서.

예수님이 우리의 모범이시다. 그분은 하나님과 친밀한 공동체성을 정기적으로 간직하는 모범을 우리에게 보여주셨다. 아무것도 의지하실 필요가 없으신 분이, 하나님만 의지하기 위해 피신하는 모습을 보여주셨다.

예수님처럼 사역하려면 예수님처럼 행하면 된다. 우리도

정기적으로 스스로를 고립시키면 된다. 아무도 없는 시간과 장소에 찾아 들어가 하나님과 밀회(密會)를 가지면 된다. 홀로 기도하며 예배하면 된다.

우리의 목양자 되신 주께서 새벽에 자신만의 광야를 준비하셨음을 기억하자. 종일 제자들과 동행하며 군중에 휩싸여 계시기 전에 홀로 계셨음을 묵상하자. 그리고 우리도 그렇게 하자. 목양자라면 더욱 그래야 할 것이다. 하나님의 양 떼를 만나기 전에 하나님을 먼저 독대해야만 하지 않겠는가? 농부의 하루가 새벽에 시작되듯, 영적 농부인 우리도 홀로된 시간에 하나님을 향해야 한다(고전 3:6). 목양할 만한 사람이 되도록, 또한 영혼의 밭을 일구는 일꾼이 되도록 홀로 주님만 원하는 시간을 드리자.

오늘도 훈련 중

스스로를 정기적으로 고립시키기로 결정한 뒤로 5년이 지났다. 이제 교회 개척 10년차, 그 사이 많은 변화와 성장이 있었지만 여전히 나는 소명과 거리가 멀다. 아무도 없는 장소로 홀로 들어가는 것은 매번 어렵다.

핸드폰을 끄는 것, 교회 일들을 멈추는 것, 빈틈없는 스케줄에서 빠져나오는 것, 만나자는 사람들을 더 기다리게 하는 것, 가난을 선택하는 것, 은혜의 그림자를 은혜의 실체로 여기지 않으려 애쓰는 것, 하나님의 비전을 나의 이력으로 오해하기를 포기하는 것, 현실 회피를 위해 과거를 아련히 돌아보는 일을 그만두는 것, 기근에 놀라지 않고 아무 일도 없었던 것처럼 영적 가나안을 향해 꾸준히 전진하는 것, 배고픔이나 어떤 결핍에도 염려 대신 기도하기로 결정하는 것, 무조건 감사하며 남을 나보다 낮게 여기는 것….

수년째 연습 중인데 아직도 적응이 안 된다. 하나님과 단둘이 시간을 보내는 것이 늘 어렵다. 그러나 실행이 힘들다는 것이 곧 틀렸다는 뜻은 아니다. 심리학자 조던 피터슨의 말처럼, "혁명적 변화가 있으면, 필연적으로 새로운 질서가 형성"되기 때문이다.

5년 전 나는 큰 변화를 경험했다. 그러니 이제 새로운 질서, 영적 광야에 나를 의도적으로 밀어 넣는 수고를 더 해야 한다. 아직 어렵다는 것은 아직 부족하다는 뜻이다. 만약 고립 연습에 실패한다면 나는 진짜 실패할 것임을 잘 알고 있다. 《지키는 기도》에서도 말했지만, 사역에만 몰두하다 보면 내가 모든 것을 망치는 주범이 되고 만다. 사람들과 일감들에서 떠나는 시간과 장소로 들어가는 것이 사역이 주는 정신적, 육체적, 영적 과부하로부터 보호하는 장치가 된다.

내 이야기가 길었다. 더 이야기하다가는 부끄러워 고개를 들고 다닐 수 없을 듯하다. 진실이긴 하나 내게 아름다운 스토리는 아니었다.

이제는 당신이 이야기할 차례가 되었다. 나를 반면교사로 삼아 5년 혹은 10년을 아껴보라는 위로와 안내를 건네며, 이제 빈 페이지를 당신에게 전달하고 싶다. 당신에게 어떤 사연이 있는지 모르지만, 나와 비슷한 부분도 있으리라 추측해보며.

이제, 하나님과 당신의 이야기를 위한 시간을 정해보자.

1. 당신이 하루 중 혼자 있을 수 있는 시간은 언제인가?

2. 당신은 언제, 어디서 하나님을 독대하겠는가?
   매일, 매주, 매월 등 당신에게 적합한 시간과 장소를 정해
   보라.

나 홀로 예배

초판 1쇄 발행	2022년 5월 12일
지은이	송준기
펴낸이	여진구
책임편집	이영주 정선경 진효지
편집	최현수 안수경 김도연 최은정 김아진 정아혜
책임디자인	노지현 조은혜 ㅣ 마영애
기획 · 홍보	김영하
마케팅	김상순 강성민 허병용
제작	조영석 정도봉

마케팅지원 최영배 정나영
경영지원 김혜경 김경희

303비전성경암송학교 유니게과정 박정숙 최경식
이슬비전도학교 / 303비전성경암송학교 / 303비전꿈나무장학회 어은학

펴낸곳	규장

주소 06770 서울시 서초구 매헌로 16길 20(양재2동) 규장선교센터
전화 02)578-0003 팩스 02)578-7332
이메일 kyujang0691@gmail.com 홈페이지 www.kyujang.com
페이스북 facebook.com/kyujangbook 인스타그램 instagram.com/kyujang_com
카카오스토리 story.kakao.com/kyujangbook
등록일 1978.8.14. 제1-22

ⓒ 저자와의 협약 아래 인지는 생략되었습니다.
이 출판물은 저작권법에 의해 보호를 받는 저작물이므로 무단 전재와 무단 복제를 할 수 없습니다.

책값 뒤표지에 있습니다.
ISBN 979-11-6504-318-6 03230

규ㅣ장ㅣ수ㅣ칙

1. 기도로 기획하고 기도로 제작한다.
2. 오직 그리스도의 성품을 사모하는 독자가 원하고 필요로 하는 책만을 출판한다.
3. 한 활자 한 문장에 온 정성을 쏟는다.
4. 성실과 정확을 생명으로 삼고 일한다.
5. 긍정적이며 적극적인 신앙과 신행일치에의 안내자의 사명을 다한다.
6. 충고와 조언을 항상 감사로 경청한다.
7. 지상목표는 문서선교에 있다.

하나님을 사랑하는 자 곧 그의 뜻대로 부르심을 입은 자들에게는 모든 것이 合力하여 善을 이루느니라(롬 8:28)